Amaridianos

Caminhos Energéticos do Amor

Demian zur Strassen

Amaridianos

Caminhos Energéticos do Amor

UM NOVO MÉTODO PARA EXPANDIR
NOSSA CAPACIDADE DE AMAR

Tradução
GLORIA PASCHOAL DE CAMARGO

EDITORA PENSAMENTO
São Paulo

Título do original:
Amaridiane — Energiebahnen der Liebe

Edição	Ano
1-2-3-4-5-6-7-8-9	99-00-01-02-03

Direitos de tradução para a língua portuguesa
adquiridos com exclusividade pela
EDITORA PENSAMENTO LTDA.
Rua Dr. Mário Vicente, 374 — 04270-000 — São Paulo, SP
Fone: 272-1399 — Fax: 272-4770
E-mail: pensamento@snet.com.br
http://www.pensamento-cultrix.com.br
que se reserva a propriedade literária desta tradução.

Impresso em nossas oficinas gráficas.

Agradecimentos

A meus pais, Carmen zur Strassen e Hermann zur Strassen, que, cada um a seu modo, me mostraram como o amor pode se expressar.

A todas as mulheres por quem me apaixonei. Eu gostaria de mencionar em especial Maha Brodie, Martina Zweigle, Gabi Brandt, Manuela Riebeling, Mauris Illescas e, principalmente, Sigrid Lange. Aprendi muito com elas sobre o amor.

A Bernd Schlich, que me apoiou bastante num momento difícil.

A Kurt Denker, que, com seu apoio incondicional, tornou possível que eu escrevesse este livro e me ajudou a ampliar minha capacidade de recepção.

A Sabeth C. Kemmler. Ela foi uma excelente anfitriã e companheira de conversas. Auxiliou-me de maneira decisiva a encontrar uma forma para o livro.

Aos meus alunos e alunas do Vivation®, que me levaram a apreender o significado de nossos relacionamentos em comum.

A Jim Leonard, que, com a criação do Vivation®, forneceu o método que me ajudou a reconhecer os amaridianos e a desenvolver o trabalho com eles.

Sumário

Os relacionamentos amorosos são um duplo presente: por um lado, nos oferecem um campo especial para a troca do amor e para sua celebração; por outro, são uma escola — em geral bastante intensiva — para o desenvolvimento pessoal.

Dificilmente alguém se aproxima tanto de nós quanto um parceiro amoroso. Quase nunca uma pessoa expressa sentimentos tão fortes quanto "ele" ou "ela".

Às vezes, entretanto, não conseguimos lidar com isso de maneira produtiva. Nossa capacidade de aceitar sentimentos é limitada e não aproveitamos as chances de aprendizado; repetimos sempre o mesmo tema, não continuamos a crescer, nada mais flui e o amor permanece estagnado.

Quando desemaranhamos e fortalecemos objetivamente os "seis amaridianos", não tropeçamos mais nas crises de aprendizado nem permanecemos estagnados num ponto qualquer. Abrimos então, com consciência, os diferentes planos do relacionamento para que o amor flua e possamos empreender juntos, e de maneira criativa, o caminho do desenvolvimento.

PARTE 1

Amor e Relacionamento

Quando valorizamos o amor, estamos sempre dispostos a ver nossos relacionamentos amorosos também como uma escola de desenvolvimento pessoal. Dessa forma, ficamos menos inclinados a fugir deles diante da primeira grande crise e a buscar um novo parceiro. Procuramos crescer interiormente e desenvolver nossa capacidade de amar, prontos para aprender com as dificuldades e não ocultar mais o anseio pela realização no amor. Queremos nos conhecer e conhecer o outro cada vez mais profundamente; almejamos alcançar novos horizontes da realização por meio do amor.

Este livro apresenta muitos procedimentos e exercícios úteis — e, principalmente, a teoria dos "seis amaridianos". Na verdade, isso não o libertará dos altos e baixos dos caminhos do amor, mas pode servir de orientação como uma bússola e um mapa, além de lhe proporcionar alento espiritual. Este livro não tem o poder de poupá-lo das lições referentes à escola do desenvolvimento pessoal, porém talvez facilite seu aprendizado. Você aceitará mais facilmente as exigências do seu relacionamento e terá condições de aproveitar melhor suas dádivas.

Como tomei conhecimento da existência dos amaridianos?

Foi na sala de passageiros em trânsito do aeroporto de São Paulo. Eu já tinha esperado metade da noite pelo meu vôo. De vez em quando sonhava, de vez em quando ficava acordado meditando, na maior parte do tempo sentindo uma grande saudade dos meus entes queridos. Encontrava-me nessa alternância entre dormir, meditar e sentir saudade, quando se cristalizou em mim um novo ponto de vista a respeito dos relacionamentos amorosos!

Antes disso, eu já vivera anos muito proveitosos de aprendizado em relacionamentos. Além do mais, como orientador de seminários e professor do Vivation®, eu acompanhara e aconselhara muitos alunos com problemas do gênero. Naquele momento, essas experiências começaram a se entrosar e a fazer sentido.

Eu estava bastante consciente de uma coisa: o amor é uma energia que flui livremente. Entretanto, quando amamos uma pessoa e nos relacionamos com ela, nosso amor segue um determinado rumo. Ele começa a fluir por caminhos invisíveis, por seis vias energéticas, que se diferenciam quanto ao modo e à direção.

Eu os chamo de "amaridianos": um termo composto das palavras "amar" e "meridianos" que uso para definir o conceito de *vias energéticas*. Amaridianos são vias energéticas do amor.

O que nos leva a conhecer os seis amaridianos?

Eu próprio fiquei surpreso ao notar como é fácil perceber as seis diferentes vias energéticas do amor e o quanto nossos relacionamentos amorosos podem se tornar mais claros com eles. Eis a seguir um resumo das seis maneiras diferentes pelas quais o amor pode fluir:

1. Aceitação do amor; 2. Doação do amor; 3. Recebimento do amor; 4. Encontro; 5. Fusão; 6. Doação conjunta do amor.

Ao longo deste livro, apresentarei os amaridianos com mais detalhes. Então você os compreenderá melhor e verá como é útil conhecê-los, se pretende manter um relacionamento satisfatório.

Assim que passei a usar a teoria dos amaridianos, e tanto na minha terapia com casais quanto nas sessões individuais, constatei o enorme efeito desse método.

Apesar disso, nem o fenômeno dos amaridianos nem a maior parte do que tenho a dizer a respeito é novidade. A novidade é a diferenciação sistemática. Por meio dela podemos fortalecer cada um dos amaridianos; entender como, muitas vezes, provocamos sofrimento quando, por exemplo, exigimos do azul que ele seja amarelo, ou seja, quando insistimos em algo que não está na via energética em que nos encontramos no momento.

Seria o mesmo que pretender tirar o máximo proveito de um jogo de tênis, usando um roupão e uma toalha, como se fôssemos à sauna. Muitas vezes, exigimos do outro concordância e fusão quando, na verdade, ele espera um diálogo. Nesse caso, estamos confundindo o amaridiano da fusão com o do encontro; como conseqüência, o amor não consegue mais fluir. Entretanto, se soubermos desfrutar de ambas as energias a seu modo, estaremos desenredando e esclarecendo os dois amaridianos. Nós os libertamos e os desbloqueamos para que o amor flua.

O sistema dos seis amaridianos poderá então demonstrar toda a sua eficácia, se não o tomarmos como verdade, mas sim como modelo, se não o seguirmos com rigor dogmático, mas o usarmos com sabedoria, praticidade e alegria por estarmos passando por essa experiência.

Sempre que reconhecemos em que amaridiano estamos de fato num determinado momento, essa "identificação" consciente nos propicia muita lucidez e espaço para que nos realizemos do ponto de vista sentimental.

Acima de tudo, seremos capazes de verificar se um dos seis amaridianos está bloqueado ou enfraquecido. Então poderemos fortalecê-lo com os exercícios desenvolvidos especialmente para esse fim. E isso antes que uma crise aconteça! Para mim, é uma bênção conseguirmos estruturar desse modo o crescimento da relação, em vez de nos desgastarmos tentando aprender na "escola de desenvolvimento pessoal chamada relacionamento".

Às vezes, dedicamos muito mais tempo ao planejamento de um período de férias de quatro semanas, do que ao cultivo de uma relação. É comum encararmos nossos relacionamentos como algo regido pelo destino. Entretanto, eles não são uma coisa pré-fabricada; nós os desenvolvemos — consciente ou inconscientemente.

Não importa qual seja seu interesse: encontrar uma explicação para um relacionamento que chegou ao fim, preparar-se para começar um novo ou aprofundar e enriquecer uma relação amorosa estável — os "seis amaridianos" e seus respectivos exercícios lhe oferecem inspiração, apoio e técnicas de auto-ajuda para empreender essa tarefa.

Primeiramente, explicarei um pouco a respeito do campo de atuação dos amaridianos; para isso, falarei sobre a relação entre amor e relacionamento.

Na segunda parte, apresentarei em detalhes os seis amaridianos, expondo a dinâmica entre eles e as diferentes formas de confusão que é possível ocorrer.

Na terceira parte, proponho procedimentos e exercícios para o fortalecimento de cada um dos amaridianos.

Algumas palavras a respeito do amor e do relacionamento

Amor não é a mesma coisa que relacionamento. Portanto, é possível que você ame uma pessoa, mas por diversos motivos não mantenha um relacionamento com ela. O amor é maior do que nós; o relacionamento, menor. O amor nos modifica; o relacionamento é moldado por nós. O amor é uma condição da existência; o relacionamento, uma rede de comportamentos. O amor é o conteúdo; o relacionamento, a forma.

O amor é energia que flui, movimenta-se e chega até nós; o relacionamento é a teia de canais, vias energéticas, pelas quais passa o amor. Essas vias energéticas podem estar abertas ou fechadas, ser claramente definidas ou confusas, apropriadas para deixar o amor fluir, para aprofundá-lo, ou até mesmo para fazê-lo se extinguir em sua confusão.

O relacionamento é o jardim; o amor é o canto da ave-do-paraíso, quando ela visita esse jardim. Você pode tentar aprisionar a ave-do-paraíso numa gaiola, mas ela vai emudecer e por fim morrerá. Talvez você deixe o jardim secar, de modo que a visitante do céu nunca mais apareça. Ou, então, é possível que você cuide do jardim, para que a ave fique cada vez mais tempo nele, ou que o regue tão bem que ela cante sempre mais, venha com mais freqüência e permaneça por mais tempo. Você poderá abrir-se para ela e ouvi-la profundamente, de modo que, quando ela cantar, você seja todo ouvidos e paz...

Fortalecer os seis amaridianos de forma consciente significa cuidar do jardim e regá-lo. Desemaranhar os seis amaridianos quer dizer tirar as teias das vias energéticas e abri-las para o fluxo do amor.

A linguagem do amor

O amor precisa de vibração silenciosa. No entanto, ele vive e cresce também à medida que o expressamos. O que ocorre, porém, se ao fazer isso usarmos linguagens diferentes? Alguém expressa seu amor acariciando a parceira carinhosamente; ela só sentiria que ele a ama se ele lhe perguntasse sobre seus sentimentos e pensamentos mais profundos. Ela demonstra todo o seu amor enfeitando a sala com flores. Ele, um tanto distraído para perceber isso, sentir-se-ia amado se ela se aproximasse dele de modo erótico.

Não quero dizer que ele tenha que fingir um interesse intelectual se não há nenhum; ou que ela tenha que tomar uma iniciativa erótica quando, só em pensar nisso, já fica apavorada. Mas é sempre bom quando um gesto de amor é entendido como tal. Em vez de dar em nada, o amor pode fluir mais profundamente quando existe a possibilidade de uma percepção recíproca.

Também é enriquecedor saber o que o parceiro interpretaria como um gesto de amor. Isso nos dá a oportunidade de testar se, e quanto, queremos dar. Vale a pena ter uma conversa sobre isso a dois.

Uma forma simples de iniciar uma conversa desse tipo encontra-se no exercício para casais "A linguagem do amor", apresentado na página 167.

Sentimentos, nível de tolerância com relação ao prazer e capacidade de amar

Quando o parceiro provoca em nós sentimentos com os quais não conseguimos lidar muito bem, surgem pensamentos como: "Estou me sentindo mal e você é o culpado. Preciso fazer alguma coisa para que você não torne a provocar esses sentimentos em mim, senão terei que me afastar de você."

Se não falarmos a respeito de sentimentos do passado, nossas possibilidades na vida se restringirão. Por exemplo, se reprimimos o sentimento de abandono, ficamos incapazes de deixar que um novo relacionamento se desenvolva plenamente. O amor poderia reabrir velhas feridas e fazer voltar a dor. Por isso, decidimos que é melhor nos fecharmos e pensamos: "Nunca mais deixarei ninguém se aproximar de mim dessa forma!"

Tolerância limitada com relação ao prazer

Em geral, temos em nós um "fluviômetro do bem-estar" que nos foi transmitido culturalmente e determinado conforme os costumes. Caso o nosso nível de bem-estar seja muito elevado, sentimos isso como algo anormal, incomum, incerto, e procuramos retornar aos "níveis mais baixos" — e assim permanecemos dentro do nosso limite de prazer estabelecido. Por esse motivo, muitas vezes nossa realização, nossa felicidade no amor, fica restrita. Raramente isso é percebido a tempo.

O amor é capaz de superar os limites de nossa tolerância diante do prazer, com muita força e rapidez. É comum sabotarmos um relacionamento amoroso apenas pelo fato de termos ultrapassado a marca máxima de nosso fluviômetro de bem-estar durante muito tempo e de maneira intensa demais.

Nesse caso, sofremos também a interferência do "trauma da bem-aventurança". Em geral, ele surge no nascimento, e, inconscientemente, tiramos dele duas conclusões equivocadas. Primeira: a felicidade sempre chega ao fim. Segunda: só conseguiremos voltar ao paraíso perdido se desbravarmos a trilha cada vez mais estreita do sofrimento.

Junto com outros fatores, o resultado é uma programação profundamente enraizada que nos faz acreditar que só poderemos crescer às custas de muito sofrimento e trabalho interior.

Dessa forma, deixamos de ver como é importante aumentar nosso nível de tolerância com relação ao prazer, não só para que possamos aumentar nossa capacidade de amar, mas também para podermos realizar nosso potencial em todos os aspectos. Nós nos atiramos com prazer e obstinação em problemas que não conseguimos resolver dessa maneira. Deixamos de ver as ocasiões e as possibilidades de festejar a dádiva do amor, pois insistimos em solucionar primeiro problemas que naquele momento, na realidade, nem existem.

Contudo, a capacidade de compartilhar sentimentos secretos e de aumentar a tolerância diante do prazer não é fácil de adquirir. Neste livro, você encontrará algumas orientações que poderão ajudá-lo nisso.

Se você quiser desenvolver plenamente essa capacidade, recomendo-lhe um método cujo objetivo é exatamente esse. Chama-se Vivation®. Uma grande vantagem dele é que podemos aplicá-lo diretamente em determinadas situações. O Vivation® também ajuda a fortalecer os seis amaridianos de maneira completa. Uma introdução ao Vivation® encontra-se em meu livro *Die Kunst der Lebensfreude*.[1]

Sexo, amor e relacionamento

O sexo pode nos abrir o caminho de tal maneira que acabemos desembocando no amor. É possível ao amor expressar-se e celebrar-se no sexo. Entretanto, há sexo sem amor e amor sem sexo.

Por isso, não considero aqui o sexo como um plano necessário do relacionamento ou mesmo como um amaridiano autônomo. Acho que é melhor explicar os amaridianos, em vez de me concentrar no "problema" do sexo.

Contudo, na maioria das vezes, é o sexo que nos convence a nos entregarmos ao amor de modo prazeroso, assim como ao relacionamento (excluindo-se aí aquele entre pais e filhos). Ele também contribui para a tão marcante dinâmica homem-mulher, no amor e na relação.*

O sexo é o combustível para alguns amaridianos e para o amor. Por essa razão, descrevo em cada amaridiano os aspectos mais importantes de sua dimensão sexual.

O que podemos fazer para que o amor consiga apreciar e celebrar infinitamente o sexo? Precisamos aprender a compreender os sentimentos do outro, dos quais não falamos, de modo que o corpo e os sentimentos se tornem permeáveis. Dessa forma, as energias do coração e do sexo se unirão e fluirão mais livremente. Precisamos aumentar nosso nível de tolerância com relação ao prazer. Para isso, devemos fortalecer os seis amaridianos. Na página 150, acrescentarei mais algumas observações sobre o tema "sexo".

Homem-mulher

A dinâmica homem-mulher enriquece nossos relacionamentos afetivos em dois sentidos:

Quanto ao primeiro: nosso corpo surgiu do encontro e da fusão de uma célula masculina com uma feminina. A energia sexual é, por assim dizer, bioeletricidade; as células do corpo são sexuais. Na união entre o masculino e o feminino, encontram-se os dois pólos, entre os quais flui nossa energia vital.

---

* Ouvi dizer que, em relacionamentos homossexuais, a dinâmica homem-mulher pode desempenhar — ou não — algum papel. Neste livro, não me refiro a características de relacionamentos homossexuais, pois não me julgo com competência para isso.

Quando ocorre a nossa fusão com o sexo oposto, nossas parcelas masculinas e femininas também se unem. Ocorre uma grande festa em que são celebradas a reunião e a chance de nos tornarmos seres completos.

Quanto ao segundo: no nosso parceiro está, num plano em geral inconsciente, a outra metade do gênero humano, todo o outro sexo. Quantos desentendimentos já aconteceram entre nós e os representantes do outro sexo! Há milhares de anos reina uma contenda entre homens e mulheres. Quanta mágoa entre os dois sexos! Um grito mudo, eterno. Se não soubermos tratar desse assunto conscientemente, esse grito, essa disputa entre os dois parceiros, poderá emergir. E, assim, a celebração da chance de nos tornarmos completos morrerá em estado seminal.

Porém, é possível ao casal se empenhar a fim de que a disputa entre os sexos deixe de existir no relacionamento. Dessa forma, a celebração ganhará em profundidade e beleza. Vejo isso também como minha contribuição pessoal para que a luta entre homem e mulher chegue ao fim.

PARTE 2

Os Seis Amaridianos

Os seis amaridianos se diferenciam no modo pelo qual eles fluem e na direção em que isso acontece. É claro que, devido à minha tentativa de simplificar sua definição, eles acabam se confundindo um pouco entre si. Eles não se sucedem segundo uma hierarquia, pois são interdependentes. Quanto mais nós os distinguirmos de modo consciente, provando-os e usufruindo deles, cada um a seu modo, tanto mais livre e profundamente eles fluirão.

Se você quer ter uma relação amorosa, o fato de conhecer os seis amaridianos pode lhe trazer, num passe de mágica, um companheiro? A resposta é não! Mas eles talvez o ajudem a se preparar para isso. Caso você esteja em meio a uma crise de relacionamento, a consciência dos amaridianos tornará as coisas claras e fará com que o amor volte a fluir. Se você estiver satisfeito com a troca de afeto em seu relacionamento, a consciência dos seis amaridianos lhe proporcionará liberdade e realização no caminho do amor.

A simples compreensão de que o amor flui de maneiras diferentes e em várias direções já pode trazer mais clareza a seus relacionamentos. Um engano bastante comum com relação aos amaridianos consiste, por exemplo, no fato de agirmos como se o outro fosse a fonte do nosso amor. Desse modo, conservamos fechado o acesso à nossa própria fonte de energia do amor universal e, assim, trazemos para nossas relações dependência e outros problemas.

A seguir, farei uma primeira síntese de como o amor flui nos amaridianos. Se você quiser sentir, desde o início, os seus próprios amaridianos

Os Seis Amaridianos

Visão geral das energias

As diferentes maneiras pelas quais o amor flui e as direções que ele toma

Eu retiro da minha própria fonte a energia do amor universal. Deixo-a circular em mim, envolver todas as partes do meu corpo, agir sobre partes até então esquecidas, preencher-me totalmente.

Eu retiro da minha própria fonte a energia do amor universal e faço-a fluir em direção à pessoa amada.

Torno-me totalmente receptivo à corrente de amor da pessoa amada e recebo essa energia em mim.

Volto a atenção
carinhosamente para o meu
parceiro, para percebê-lo
em suas particularidades;
desfruto o milagre de dois mundos
semelhantes, porém diferentes.
Caso nosso parceiro chegue até
nós da mesma forma, duas
atitudes de afeto se tocam.
Presença e amor se
potencializam.

Eu me torno receptivo,
permeável, ofereço-me e me
entrego ao fluxo de energia.
Deixo meu ser fluir totalmente e
recebo de volta todo amor que
dei. A energia flui de forma
circular através de mim
e da pessoa amada.
Nós nos tornamos um.

Unimos nossos corações,
recebemos da fonte unificada
e oferecemos aos outros nosso
amor potencializado.

As frases-chave dos seis amaridianos

	Aceitação do amor	*Doação do amor*	*Recebimento do amor*	*Encontro*	*Fusão*	*Doação conjunta do amor*
expansão mínima	Eu aceito a mim mesmo.	Eu o amo.	Eu recebo o seu amor.	Sinto prazer em encontrá-lo.	Eu desfruto a união que já temos.	Celebrando nosso amor e agradecendo por ele, abrimos os braços e voltamo-nos, com os corações unidos, para os outros e para o mundo.
	Eu me amo assim como sou.	Dou-lhe o amor originário de minha própria fonte.	Eu me reconheço diante dos seus olhos amorosos.	Reflito-me em você, tanto no que há em comum entre nós quanto no contraste.	Anseio pela total fusão com você.	
	Eu me amo como sou e concordo em receber o melhor da vida.	Eu sei que, quanto mais livremente o dou, mais ele flui de minha própria fonte.	Digo-lhe o que quero receber de você.	Eu me comunico com você, de modo que você possa me aceitar com minhas peculiaridades.	Abro-me cada vez mais, para que vibremos no mesmo ritmo.	
	Suscito em mim o amor universal, deixo-o fluir e preencho com ele todas as partes do meu corpo.	Apóio você naquilo que você quer para o seu crescimento.	Deixo de lado minha própria vontade de agir e torno-me totalmente receptivo à corrente do seu amor.	Eu me distingo de você, descubro meus limites em você.	Abro-me cada vez mais, até nos fundirmos totalmente um no outro...	
	Gosto de cuidar de mim mesmo.	Amo-o assim como você é, uma pessoa com vida própria, um ser livre.	Estou inteiramente aberto e receptivo para a realização no amor.	Cresço ao seu lado e com você.	... até que toda a Existência flua através de você para dentro de mim e que eu flua através de você para a Existência.	Oferecemos nosso amor com os corações unidos; as diferenças entre nós são consideradas variações da nossa multiplicidade comum.
amplitude máxima	Descontraio-me no meu ser total e descanso nele.			Abro-me para você e, por meio de você, para mim.		

e entendê-los mais profundamente, proceda da seguinte maneira ao continuar a leitura:

Leia a descrição do primeiro amaridiano; depois feche os olhos, imagine a corrente energética, repita mais uma vez as frases em silêncio e sinta como essa corrente energética se torna concreta dentro de você. Respirar imaginando que o ar segue na direção de onde você mais a sente vai ajudá-lo a percebê-la melhor. Então passe para o amaridiano seguinte...

Se você percorrer cada amaridiano várias vezes dessa maneira, poderá entendê-los melhor em suas peculiaridades.

Já nesse momento pode acontecer que um amaridiano que antes estava fechado comece a se abrir. Que maravilha!

Entretanto, nesse primeiro contato com os amaridianos, não é nosso interesse principal abri-los ou sentir uma forte corrente de energia. O mais importante, a princípio, é apenas compreender o modo e a direção de seus diferentes movimentos energéticos.

Se você perceber que não consegue conceber um determinado amaridiano, nem entendê-lo ou senti-lo no que se refere ao seu modo e direção, já se trata de uma informação importante. Este livro o ajudará a reforçar esse aspecto de sua capacidade de amar.

É provável que você já tenha formado uma idéia ou uma primeira impressão dos seis amaridianos e poderá entender melhor minhas observações a respeito da confusão que se faz com relação aos diferentes amaridianos e aos seus respectivos efeitos. Mais adiante, abordarei esse tema detalhadamente. Agora, gostaria de conduzi-lo um passo à frente e mencionar um outro aspecto dos amaridianos.

Assim como um rio cava o seu leito com o movimento das águas, um amaridiano começa a se manifestar à medida que o amor começa a fluir. Assim como um rio nasce de uma pequena fonte e depois se torna uma grande corrente, cada amaridiano se inicia com uma manifestação mínima e vai progredindo até atingir seu desenvolvimento máximo.

Qual é a importância disso?

Talvez você já tenha percebido, durante a leitura sobre os amaridianos, que eles não se diferenciam apenas quanto ao modo pelo qual o amor flui e a direção que ele toma. Trata-se também de determinadas qualidades em nós cujo desenvolvimento é exigido por esse amaridiano.

Os relacionamentos não são apenas uma escola para nos conhecermos melhor e nos desenvolvermos; eles também nos possibilitam aumentar nossa capacidade de amar. À medida que percorremos os passos evolutivos em cada amaridiano, ampliamos ao mesmo tempo nossa aptidão para o amor.

Encontram-se em jogo forças que impulsionam esse crescimento para a frente: por um lado, nosso anseio de amar; e por outro, a própria vida, com suas dádivas e seus desafios.

As frases do quadro da página 22 contêm, de forma sucinta, as qualidades e os passos de desenvolvimento de cada amaridiano, desde a menor manifestação até a expansão máxima. Nos capítulos seguintes, explicarei mais detalhadamente o significado de cada uma.

Este livro pode acompanhá-lo por um longo trecho no caminho de desenvolvimento da sua capacidade de amar. Com certeza, você encontrará nas frases-chave coisas que no momento lhe parecem inatingíveis. Por esse motivo, julgo-me no dever de acalmá-lo.

Por sorte, não precisamos atingir a amplitude máxima de todos os amaridianos para sermos capazes de amar. Se você estiver no início de um relacionamento amoroso, basta a manifestação mínima. Para deixar a energia do amor fluir livremente, só é preciso "esgotá-la da melhor forma possível". O que isso significa? Calma — falaremos sobre esse assunto mais tarde, quando tratarmos do uso prático. Agora quero lhe apresentar as frases-chave de cada amaridiano. Ao lê-las, atente para aquilo que você já vive na sua vida amorosa. Maravilhoso! Observe os pontos em que você se sente frustrado, aqueles por que anseia, mas está longe de atingir. Nesse sentimento já se manifesta seu potencial para evoluir na direção certa.

Aceitação do Amor

– O Primeiro Amaridiano –

Assim flui a energia, quando o amor é aceito

Extraímos a energia universal do amor de nossa própria fonte; deixamos que ela circule dentro de nós, envolva todas as partes de nosso corpo, aja sobre partes que até então haviam sido negligenciadas; deixamo-nos preencher... totalmente...

As frases-chave

Eu aceito a mim mesmo.

Eu me amo assim como sou.

Eu me amo como sou e concordo em receber o melhor da vida.

Suscito o amor universal em mim, deixo-o fluir
e preencho todo o meu ser com ele.

Gosto de cuidar de mim mesmo.

Descontraio-me no meu ser total e descanso nele.

Você já imaginou como seria bom poder se abastecer de amor a qualquer momento e em qualquer lugar? Para que isso aconteça, basta você desenvolver uma relação de amor consigo mesmo.

"Eu aceito a mim mesmo"

Todos nós temos conflitos interiores, tomamos decisões, admitimos na vida certas possibilidades e outras não. Todos mantemos um relacionamento com nós mesmos; entretanto, costumamos achar estranho um relacionamento como esse e nos questionamos: "Como é meu relacionamento comigo mesmo?" — "Até que ponto eu me dou liberdade a mim mesmo para ser o que sou?" — "Posso contar comigo mesmo ou estou desamparado?" Vale a pena chegar ao fundo dessas questões.

A manifestação mínima do primeiro amaridiano começa com um comportamento assim: "Não posso negar que não consigo me amar tão completamente, mas pelo menos me aceito a ponto de ser capaz de manter um relacionamento amoroso." Se você for da opinião de que é inaceitável como parceiro amoroso, não conseguirá manter por muito tempo uma relação de amor. Portanto, mude seu julgamento sobre si mesmo.

O desenvolvimento do primeiro amaridiano pode começar com pensamentos tais como: "Evidentemente sou um ser humano e mereço ser amado. Sou eu quem melhor me conhece; se eu não for capaz de me amar, como então um outro ser poderá fazer isso?"

Somos intimados de várias maneiras a desenvolver o primeiro amaridiano.

Por um lado, somos impelidos por forças interiores: o anseio por amor-próprio incondicional; o desejo de conhecer a nós mesmos; o impulso de realizar o potencial que existe dentro de nós. Somos motivados por tudo isso e não pela pergunta "Quem sou eu?"

Por outro lado, a própria vida se encarrega disso: quando nos voltamos demais para os outros e desse modo negligenciamos a relação com nosso eu interior, com freqüência a vida nos obriga a nos voltar para nós mesmos. Assim, às vezes nos tornamos tão dependentes de outra pessoa, que literalmente nos "colamos" nela. Então, nessas ocasiões, é possível que chegue aos nossos ouvidos o comentário de que devemos ser mantidos a distância ou até mesmo deixados de lado. (Às vezes, a escola da vida revela-se bastante cruel.) Nesse caso, podemos tomar esse desafio como impulso, para fortalecer a relação com nós mesmos e com isso também nossa capacidade de amar.

"Eu me amo assim como sou"

Se formos capazes de dizer essa frase sem reservas, já demos um passo decisivo para a expansão desse amaridiano. É evidente que amor-próprio não significa: "Eu me amo quando sou como a minha mãe quer que eu seja", etc. Todavia, muitas vezes agimos como se fosse possível nos amarmos de forma diferente do que somos!

Nesse caso, também, feridas antigas costumam incomodar ainda por muito tempo. Fomos programados para merecer amor, antes de mais nada. Nossa existência não conta. Primeiro precisamos satisfazer determinadas expectativas, mostrar certo desempenho, superar algumas fraquezas...

Julgamos ter determinadas deficiências que são responsáveis pelo fato de não sermos inteiramente dignos de amor. Supomos que precisamos nos criticar para conseguir melhorar essas deficiências. E assim permanecemos dependentes da síndrome da autocrítica e não conseguimos desenvolver nosso verdadeiro potencial.

A solução para a síndrome da autocrítica é um passo importante: partindo de um impulso movido pela autocrítica, chegamos a um desenvolvimento motivado pelo amor-próprio. (Cf. meu livro *Die Kunst der Lebensfreude.*[1])

Se não formos capazes de dizer do fundo do coração: "Eu me amo assim como sou", é porque há em nós um vazio, uma ferida.

Ninguém pode preencher esse vazio, ninguém consegue curar essa ferida, a não ser nós mesmos. Portanto, se dissermos: "Não sou capaz de amar meu lado egoísta", por exemplo, nós mesmos estaremos excluindo essa parte de nós do amor. Só podemos receber amor se estivermos prontos para dá-lo a nós mesmos. Caso alguém nos ame apesar disso, não conseguimos acreditar e aceitar. Pelo menos esse é um bom desafio para aprofundarmos nosso amor por nós mesmos.

O amor de outra pessoa pode ser um impulso para desenvolvermos nosso amor-próprio. Mas não é uma compensação para a falta dele.

O amor-próprio se manifesta à medida que aprecio a minha própria companhia. Ele se manifesta quando me sinto à vontade para festejar meus prazeres ativos e passivos preferidos. Revela-se também quando encontro tempo, espaço e dinheiro para realizar o potencial existente em mim para o meu desenvolvimento exterior e interior. E, finalmente, quando aproveito o melhor da vida.

A dimensão sexual do amor universal

Eu me aprovo totalmente na minha condição de homem ou mulher. Expresso essa aprovação no modo como cuido do meu corpo, me movimento, me visto e zelo pela minha aparência. Faço coisas que favorecem e realçam meu tipo particular de masculinidade ou de feminilidade. Cultivo meu poder de atração como homem ou mulher.

Libero-me de sentimentos de vergonha e de culpa, que reprimem minha sexualidade, à medida que os aceito com carinho. Eu expando meus limites quando quero realizar totalmente meu potencial sexual.

Quando me masturbo, não tenho pensamentos de culpa, tais como "Na verdade, eu deveria manifestar minha sexualidade com um parceiro". Em vez disso, aprecio o carinho, o prazer e a satisfação que eu proporciono a mim mesmo como uma possibilidade positiva de me relacionar comigo mesmo.

Eu faço tudo o que for preciso para elevar minha sexualidade, desde o fogo mais selvagem até a dimensão espiritual.

Amor-próprio não é o mesmo que egoísmo

O ego pode ser entendido como uma parte de nós que se sente isolada e tem sede de amor. O egoísmo ocorre quando procuramos ter posses, prestígio e reconhecimento para aplacar essa sede de amor; quando tentamos, movidos pelo interesse excessivo por nós mesmos, preencher o buraco que surgiu pela falta de amor-próprio. Desse ponto de vista, o egoísmo é uma busca mal-sucedida do amor-próprio.

Isso quer dizer o seguinte: o amor-próprio redime o egoísmo, pois este último se manifesta quando não nos amamos o suficiente e precisamos de uma compensação. Assim que começamos a nos amar mais, passamos a prescindir da compensação.

Se você quiser, faça um teste: da próxima vez que tiver pensamentos egoístas, procure sentir qual é a parte de você que está criando esses pensamentos; seja compreensivo e dê a essa parte uma dose extra de amor.

Essa pequena experiência proporcionou a mim mesmo e a muitas outras pessoas resultados bastante reveladores.

Ame o próximo como a si mesmo!

Caso eu me recuse a amar a mim mesmo, estarei difamando a Fonte que me criou e que se manifesta por meu intermédio. É uma blasfêmia contra a força criadora que nunca cria cópias, mas sempre originais únicos, e que depositou em mim um potencial infinito. Só quando eu amar a mim mesmo de maneira completa, estarei aceitando o dom de minha própria existência em toda a sua plenitude.

O amor-próprio cria o alicerce para todos os outros relacionamentos amorosos. Só posso dar de fato aos outros o que já dei a mim.

Nesse sentido, o mandamento cristão "Ame o próximo como a si mesmo!" significa, portanto: ame o próximo tendo o amor-próprio como fundamento! Em outras palavras, o amor-próprio é o solo fértil, a "mãe" do amor ao próximo!

De onde vem o amor?

O amor é criado pelo homem? Evidentemente que não. Nós o recebemos de uma fonte "universal", antes que possamos oferecê-lo aos outros.

A energia do amor precisa fluir primeiro pelo meu coração, para que eu possa dá-lo a alguém. Meu amor-próprio deve fazer do meu coração uma fonte, antes que dele possa fluir o amor. Caso meu amor-próprio seja escasso, meu coração mostra-se pequeno; se ele for grande, então o amor flui incessantemente da minha fonte.

"Suscito em mim o amor universal, deixo-o fluir e preencho com ele todas as partes do meu ser"

Se conseguirmos dizer, sem nenhuma objeção interior: "Eu me amo assim como sou", seremos capazes de dar amor, em decorrência da nossa aliança com a fonte universal, a todas as partes do nosso corpo. Isso tem um efeito terapêutico e integrador: sentimo-nos mais harmoniosos, mais permeáveis, de modo geral, mais inteiros e completos.

Quando, consciente e objetivamente, suscitamos em nós o amor universal, damos um importante passo na expansão do primeiro amaridiano. Nesse caso, também se torna perceptível a maneira como o amor flui.

No primeiro amaridiano, o amor flui para dentro. Trata-se de um movimento por meio do qual nos abastecemos de amor oriundo da nossa própria fonte por intermédio da nossa união com a Vida. Amamos a nós mesmos e envolvemos com esse amor todas as partes do nosso corpo — principalmente aquelas que foram rejeitadas até o momento. Nesse caso, podemos ser mais ou menos ativos na recepção.

Há situações em que conseguimos, em certa medida, nos aproveitar disso, sem que estejamos conscientes ou que possamos identificar o que aconteceu: quando vamos a um concerto ou damos um passeio sozinhos ao ar livre, observamos silenciosamente um pôr-do-sol...

É comum que essas experiências nos revitalizem, nos deixem energizados e talvez nos dêem um vontade súbita de abraçar alguém. Também é normal que elas dependam de certas situações.

O passo evolutivo caracterizado pela capacidade de recorrermos sempre de maneira ativa e consciente ao amor da fonte universal tem uma outra qualidade: ele faz com que nosso fluxo de amor não dependa mais de certas situações; além de tornar muito mais fáceis outros passos: como ter uma visão positiva de nós mesmos. O sentimento de estar unido à Vida como um todo aumenta — e nenhuma descrição é capaz de substituir a experiência prática. No capítulo "Como nos prover de amor", na página 97, eu descrevo um procedimento por meio do qual podemos nos prover de amor de um modo fisicamente perceptível e completo.

Quando eu tiver conseguido dar o passo evolutivo que me permite suscitar em mim o amor universal a qualquer instante, o ganho se tornará óbvio, sobretudo se comparado com a maneira como era antes.

É como se, antes, com medo de morrer de sede, eu tivesse de implorar água aos outros, esquecendo que eu tinha uma fonte particular à minha disposição. Então, finalmente, me lembro; agora sei abrir minha "torneira" sempre que precisar.

Ainda que a imagem da torneira possa parecer muito simplista a seus olhos, ela contém uma mensagem importante. Do mesmo modo que não conseguimos ter água, também não podemos ter amor. Mas, com a mesma facilidade com que abrimos uma torneira, somos capazes de nos suprir com a energia do amor sempre disponível.

O primeiro amaridiano determina que recorramos à fonte de amor universal para nos provermos da energia desse amor. Os exercícios para o primeiro amaridiano nos ajudam a realizar essa tarefa.

Se eu conseguir viver cercado de amor (de amor-próprio), seja na companhia de outras pessoas ou sozinho, não dependerei do amor de outra pessoa para poder sentir amor em mim: esse é um grande passo para o amor como condição de existência.

O cálice do meu amor-próprio não precisa entornar antes que eu comece a amar outras pessoas. Porém, se eu gostar de mim e me valorizar o suficiente, convém que eu me conceda espaço e tempo para desenvolver o amor por mim mesmo.

"Eu gostaria muito de poder me amar incondicionalmente, mas não me sinto preparado!"

Amar-se incondicionalmente é, por um lado, um processo; por outro, uma decisão. É um processo porque se trata de um desenvolvimento que afeta cada vez mais partes do seu ser e pode arraigar-se de forma cada vez mais profunda. É uma decisão porque AGORA você tem a possibilidade de decidir se quer se amar de modo completo e incondicional.

"Incondicionalmente" quer dizer: você pode amar também as partes do seu corpo que são rejeitadas e aceitar a idéia de que você está disposto a aprender a amar-se. Então, o que você está esperando? Você pode decidir amar-se incondicionalmente (como aprendiz). AGORA...

Estar só, estar abandonado, estar consigo mesmo, fazer parte do Todo

A qualquer momento você deparará com a questão da solidão. Num primeiro instante, talvez você se pergunte: "Será que eu existo para mim mesmo? Será que posso ser feliz (sem a companhia dos outros?)."

Se eu não conseguir me sentir à vontade e afetuoso comigo mesmo, se para isso eu precisar imprescindivelmente de outra pessoa, então eu não sou livre.

Para que eu possa ser livre, devo me perguntar com sinceridade: "Será que eu gosto de estar comigo mesmo?" Estar consigo mesmo é bastante prazeroso e satisfatório. Quando estou comigo, posso aceitar e desenvolver a relação com meu próprio eu, conhecendo-me de um modo bastante especial.

Se eu não conseguir ter prazer com a minha própria companhia, é provável que isso seja fruto de sentimentos reprimidos de abandono ou de separação.

Em outras palavras: observando mais atentamente, a solidão ou o fato de estar consigo mesmo, quando considerados de forma negativa, correspondem a um sentimento cada vez mais de abandono ou de separação. É esclarecedor e útil que assim o denominemos.

Um dos objetivos essenciais do primeiro amaridiano é: "Eu me liberto de todos os medos relativos ao abandono e à separação, que me impedem de apreciar minha própria companhia e os momentos bons de solidão."

Libertar-se do sentimento de abandono só faz bem para o relacionamento

Existem dois aspectos a serem considerados. Primeiro: eu não posso deixar meu parceiro se aproximar de mim e invadir a parte do meu coração onde guardo os meus sentimentos reprimidos de abandono. O amor dele poderia tocar nas feridas antigas e reabri-las, e isso eu quero evitar.

Segundo: se eu não conseguir aceitar e liberar meus sentimentos de abandono, se eu tiver de evitá-los à força e para isso precisar do outro, então não estarei totalmente livre para desfrutar o relacionamento. Ficarei o tempo todo tentando satisfazer as expectativas da outra pessoa, para que ele não me abandone, em vez de ser eu mesmo. E novamente meu anseio por liberdade entrará em conflito com o do outro, e me sentirei obrigado a manter distância. Entre esses dois movimentos forçados, há pouco lugar para o amor. E ele precisa de liberdade para crescer.

Quando conseguimos aceitar o "abandono existencial" da infância, sentimo-nos mais seguros na vida. Amamos, então, com a certeza de uma comunhão original mais profunda. (Mais detalhes sobre o tema "abandono existencial" você encontrará no capítulo "Um ponto decisivo do primeiro amaridiano", na página 123.)

Libertar-me do sentimento de abandono é bom para mim mesmo

Quando preciso evitar que os sentimentos de abandono reprimidos aflorem, acabo compulsivamente procurando contato, fazendo sexo, trabalhando, comendo, assistindo à televisão ou me distraindo de outro jeito: na maior parte das vezes, é em mim mesmo que deixo de prestar atenção.

Como já vimos, a capacidade de viver para nós mesmos, de amar a nós mesmos, forma a base do nosso crescimento.

Se eu me responsabilizar pela aceitação e pela liberação de meus sentimentos de abandono, por meio de determinados exercícios, não precisarei provocá-los em meus relacionamentos, para poder percebê-los e curá-los.

Para desenvolver o primeiro amaridiano, é importante que os casais que vivem juntos tenham quartos separados. Infelizmente, ainda é muito difundido o padrão de comportamento que prevê apenas um quarto comum para ambos, ao lado da sala de estar, da cozinha, etc.

"Eu me descontraio ao me sentir um todo harmonioso"

Quando não preciso mais temer nenhum sentimento de abandono reprimido, sou capaz de me descontrair totalmente na minha solidão. Meu amor fica mais livre, pois já não preciso do outro para encobrir a minha solidão.

Ao mesmo tempo, o caminho fica desimpedido para que eu me livre da tensão no âmago do meu ser.

No momento em que começo a me libertar de certos sentimentos, logo percebo que existe uma parte de mim que ainda está cheia de questionamentos. Se fecho os olhos, relaxo e me volto para meu eu interior, a princípio verifico que ocorre um diálogo contínuo: "Da última vez que o vi, ele gostou do vestido azul. Será que foi por causa da cor ou do modelo?" "Será que ele vai ser amável, se eu telefonar agora?" "O que ela dirá, se eu falar...?"

É quando nos deparamos com esse aspecto do nosso mundo interior que, na maioria das vezes, nos sentimos bloqueados — não conseguimos continuar relaxando. Entretanto, talvez não tenhamos atingido completamente o nosso âmago. Deve haver algo ainda mais íntimo em nós, a partir do qual observamos os diálogos interiores.

Se quisermos nos descontrair em nossa essência, precisamos nos libertar de nossos questionamentos e nos entregar totalmente à solidão. Mesmo o nosso parceiro mais íntimo está fora de nós. Podemos entrar em contato e conversar com ele em nossos diálogos interiores.

Nosso âmago, todavia, é alheio a diálogos interiores e relacionamentos — e, apesar disso, é exatamente a dimensão a partir da qual percebemos essas coisas! Até nosso companheiro mais íntimo, portanto, não é capaz de nos acompanhar até nossa dimensão mais profunda.

Se nos descontrairmos ainda mais profundamente na nossa solidão, chegaremos à dimensão a partir da qual percebemos tudo, inclusive os diálogos interiores. Diante de nossa expansão interior, descortinam-se novas profundezas e novos horizontes: se formos avançando em planos cada vez mais profundos da solidão, por fim ficará evidente que, em nossa dimensão mais íntima, tudo aquilo que separa deixa de existir, isto é, nós todos somos um só.

Estar só transforma-se em fazer parte do Todo...

Aqui começa o desenvolvimento final do primeiro amaridiano. Quero deixar claro que a expressão "fazer parte do Todo" não inclui uma experiência negativa de solidão. Tampouco estou me referindo a estar só, numa situação em que não temos formalmente qualquer tipo de contato e podemos ficar com nós mesmos de maneira positiva, mas sim a estar envolvido em diálogos interiores.

Sem sentimentos de abandono reprimidos, é possível termos consciência de que "fazer parte do Todo" é a dimensão em que nós todos somos um. É o espaço interior em que eu, sem o desafio da dinâmica eu/você, sem a tensão de um relacionamento, simplesmente estou e sou. É aonde chego, quando deixo para trás os diálogos interiores. É o espaço sem forma, minha essência pura — e ela não é negativa, mas sim impregnada pela própria vida, por Deus ou qualquer outro nome que se queira dar ao "Todo".

Atingir esse ponto talvez seja o desenvolvimento interior supremo que podemos empreender e conceder a nós mesmos. Se estivermos alicerçados nesse "fazer parte do Todo", ele também não se perderá quando iniciarmos um relacionamento. Quando nos sentirmos à vontade nesse espaço, perguntas como "A partir de que ponto interior eu me relaciono?" ou "Quem sou eu?" deixarão de ter sentido.

Com certeza, dessa forma nosso amor será verdadeiramente incondicional. Não há dúvida de que "sétimo céu" é uma imagem muito pobre para essa condição da existência.

Não há nada que possamos fazer para atingir esse ponto. Apenas procurar relaxar, sentir que fazemos parte do Todo e, nesse momento, absorver tudo aquilo que vem ao nosso encontro.

Enquanto escrevo isto, ainda sinto muito medo de vez em quando. Medo de perder minha individualidade. E esse medo impede que fiquemos pensativos e em silêncio por mais do que alguns minutos.

Em outras ocasiões, porém, atingi esse estado e consegui sentir por instantes o que descrevi aqui. E chego a antever as possibilidades nesse sentido.

Eu gostaria de citar dois contemporâneos que eu acho que atingiram esse estágio:

"[...] Nosso tornar-se um só não se realiza entre mim e você, mas apenas em mim mesmo. Esse tornar-se um só jamais pode ser obra da razão; pelo contrário, só se realiza quando a razão, com suas artes, se esgota e fica em silêncio. Só então o relacionamento entre duas pessoas fica livre da dor [...]". (J. Krishnamurti, *Leben!* [Viver!]. Fischer Taschenbuch, Frankfurt/Main, 1980.)

"[...] A solidão é uma realização profunda, uma permanência consigo mesmo, plena de alegria e de felicidade. Se você está solitário, é porque está em desequilíbrio com relação à sua essência; quando está sozinho, você se encontra arraigado a ela. Estar sozinho é algo maravilhoso; é um tipo de elegância, uma graciosidade, uma vibração de absoluta satisfação. [...]" (Osho, *Beziehungsdrama oder Liebesabenteuer* [Drama do relacionamento ou aventura do amor]. Osho Verlag, Colônia, 1995.)

O primeiro amaridiano, portanto, forma a base de nossos relacionamentos e oferece mais do que o fundamento para a continuação do nosso desenvolvimento pessoal. Ele é mais do que isso: a expansão máxima do primeiro amaridiano nos conduz diretamente a dimensões supremas do nosso crescimento espiritual.

O primeiro amaridiano pode precisar ser reforçado:

- quando eu não for capaz de dizer com sinceridade: "Eu me amo assim como sou!" <1.1.>;*
- sempre que eu estiver me criticando — de forma a diminuir o meu amor-próprio <1.5.>;
- quando eu não souber o que fazer quando estou sozinho <1.1.–1.4.>;
- quando eu não arranjar tempo suficiente para cuidar do relacionamento que tenho comigo mesmo <1.3.>;
- quando eu não for capaz de dizer com sinceridade: "Continuo a me sentir bem mesmo quando me dou conta dos meus sentimentos de abandono" <1.1.>;
- quando eu não conseguir suscitar em mim mesmo o amor universal consciente e ativamente. (Ver "Como nos prover de amor", na página 97.)

* Os números entre as setas referem-se aos exercícios numerados no capítulo "Outros exercícios...", que se encontram a partir da página 167.

Doação do Amor

– O Segundo Amaridiano –

Assim flui a energia, quando se dá o amor

Retiramos da nossa própria fonte a energia do amor universal e a fazemos fluir na direção da pessoa amada.

As frases-chave

Eu o amo.

Eu lhe dou o meu amor, que vem da minha própria fonte.

Eu sei que, quanto mais livremente irradio o meu amor, mais ele flui da minha própria fonte.

Apóio você naquilo que você quer para o seu crescimento.

Amo você assim como você é, uma pessoa com vida própria, um ser livre.

"Eu o amo"

Este amaridiano inicia sua expansão quando o amor começa a fluir para fora. Quando ele encontra um oposto para o qual possa se abrir, e fluir. Nesse movimento nós transcendemos a nós mesmos.

A dimensão sexual da doação

Eu me deixo enfeitiçar pelos seus atrativos e respondo aos seus encantos físicos. Eu o amo como ser sexual. Dou-lhe o meu amor, à medida que o toco de maneira carinhosa e erótica. Eu quero fluir para dentro de você, recebê-lo totalmente, fundir-me com você. Quero celebrar o prazer com você, desde o fogo mais selvagem até a dimensão espiritual.

Nós todos já passamos por isso: os hormônios, Eros, o amor, "tomam conta de nós" e, sem saber como isso acontece, ficamos apaixonados. Sem uma decisão consciente, passamos a amar uma pessoa. Quando o amor nos contagia dessa maneira, isso indica que na manifestação mínima do "Eu o amo" oscila subliminarmente: "Você é meu amor" ou "Você é a fonte do meu amor".

"Você é a fonte do meu amor"

Essa frase quer dizer: quando penso em você ou estou na sua presença, sinto o meu amor; caso contrário, não. Eu dependo de você para sentir amor. Minha necessidade de amar só pode ser satisfeita por você. "Por favor, deixe-me amá-lo; por favor, deixe que eu sinta meu amor. Você é a fonte do meu amor."

Quando esse sentimento continua a se desenvolver nesse mesmo sentido, é possível surgir uma dependência, na qual a abertura original se estreita — uma dependência que sufoca o amor e o faz morrer.

"Eu lhe dou o meu amor"

Lembre-se, por um momento, de como é gostoso dar amor. Você já se perguntou alguma vez de onde vem essa sensação? Será que ela vem da alegria antecipada de receber algo em troca? Será pelo fato de você então se julgar uma pessoa boa?

Em minha opinião, a satisfação de nos darmos de livre e espontânea vontade surge do fato de que, quando fazemos isso, nossa própria fonte começa a fluir, envolvendo o nosso coração e fazendo-o expandir.

O fluxo do seu amor pode aumentar se você sentir que a pessoa amada inspirou o seu amor a partir de seu próprio reservatório, induzindo sua fonte a verter. Nesse caso, você não vai dizer: "Você é a fonte do meu amor", mas sim "Sinto meu coração se abrindo para você. Sinto meu amor se expandindo na sua direção. Eu lhe dou o meu amor. A fonte do meu amor está em mim. Agradeço a você por tê-lo feito fluir. Agradeço a você por ter possibilitado que meu amor fluísse".

Quando eu deixo de projetar no outro a fonte do meu amor, o aroma, o gosto e a qualidade do sentimento se modificam. Deixamos de "usar" um ao outro, amando a outra pessoa porque ela me dá amor. Trata-se muito mais de uma doação fluida, pois estou integrado ao rio do amor, porque minha fonte está fluindo. Então eu preciso do outro para, com ele, dividir o meu amor.

Entretanto, não preciso mais dele para ocultar meus sentimentos de abandono, para sobreviver, sentir meu amor ou ser feliz.

Se eu não projetar mais a fonte do meu amor na outra pessoa, deixará de existir também o ponto de referência para outras projeções com relação à segurança, à tranqüilidade emocional, à vivacidade, etc. Sou capaz, assim, de ver e amar o meu parceiro como ele é. Eu o amo não porque precise dele, mas porque o estou amando e sinto meu coração se expandir quando estou com ele.

É possível passar de "Você é a fonte do meu amor" para "Eu lhe dou o meu amor". Por exemplo, ao sentir o nosso amor, às vezes podemos nos concentrar totalmente nesse sentimento, tirar a responsabilidade do outro quase por inteiro, perceber que ele é o nosso amor e, depois, optar por lhe oferecer esse amor.

Caso eu não precise do outro para sentir o meu amor, estarei mais livre para lhe dar algo — aliás, algo por que ele anseia ardentemente para seu crescimento.

Assim, passamos a dar. Não para receber em troca; damos nosso amor sem exigir nada e aprendemos que, quanto mais livremente o fizermos, mais ele fluirá a partir de nossa própria fonte.

Algumas vezes, interpretamos de maneira errada a necessidade positiva do outro de ficar consigo mesmo ou fazer parte do Todo. Nesse caso, é muito importante que sejamos capazes de dizer: "Vou respeitar os seus momentos de solidão." Isso fica mais fácil quando ambos estamos unidos em estado de harmonia, como um todo.

"Amo você como você é"

Na manifestação mínima do segundo amaridiano, geralmente há dois aspectos, no início da paixão, que influenciam nossa maneira de perceber a pessoa amada.

Quando, no arrebatamento da paixão, sentimos o tempo parar, quando mergulhamos no olhar do outro e os pensamentos desaparecem na intensidade do encontro — nesse momento atingimos nosso parceiro em sua essência. Enxergamos seu âmago mais profundo e muitas vezes não percebemos como ele se distancia de nós e se torna limitado devido à sua personalidade. Esse é o primeiro aspecto.

Esse encontro atemporal entre dois seres, no qual estamos cegos para as arestas e para as limitações da personalidade do outro, torna-se um ponto de partida para o segundo aspecto; nós projetamos desejos e expectativas na pessoa amada; queremos que ela permaneça sempre como aquele belo ser que conhecemos; que ela nos ajude a curar velhas feridas de amor e de antigas uniões, etc. Ao enxergarmos nosso companheiro desse modo, distorcemos os fatos; é como se disséssemos: "Amo-o pelo que você pode ser" ou ainda: "Amo a idealização daquilo que você pode ser." Dessa forma, tentamos — pensando, naturalmente, apenas em fazer "o melhor" para o outro! — modificá-lo cada vez mais, a fim de que ele corresponda à idéia que temos dele. "Não posso amá-lo do jeito que você é; mas se você não fizer mais isso e modificar aquilo, se conseguir ser como eu quero, então..."

O anseio de fazer o amor fluir, juntamente com a vontade de aproximar-se da realidade, são responsáveis pela continuidade da expansão do segundo amaridiano.

Um passo importante nesse desenvolvimento é aproximar nosso amor da realidade, de modo que consigamos dizer: "Eu o amo assim como você é." Então seremos capazes de abranger em nosso sentimento não só a natureza do outro, mas também as limitações e as singularidades de sua personalidade limitada. Quanto maior for nosso amor-próprio, mais facilmente isso ocorrerá.

"Amo você como uma pessoa livre"

É nesse ponto que começa a expansão máxima do segundo amaridiano.

Mesmo quando queremos que a pessoa amada seja simplesmente uma extensão de nós mesmos, precisamos reconhecer o seguinte: o outro é uma pessoa independente, livre. Uma pessoa livre, que segue seu próprio caminho evolutivo e talvez faça coisas que não nos agradam. Uma pessoa que tem seu próprio acesso à fonte do amor.

Entretanto, diante da liberdade do outro, acabamos por colocar uma limitação ao nosso amor. Ficamos com medo de ser abandonados. Tornamo-nos ciumentos. Sentimos ciúme do trabalho do outro, dos amigos, do filho, da mãe; porém, acima de tudo, entregamo-nos a um apego extremo no que diz respeito ao sexo, à intimidade e ao erotismo.

O amor encontra força e profundidade à medida que se concentra inteiramente numa pessoa. Porém, em sua natureza existe uma dinâmica de expansão. Isso quer dizer que é possível amar mais do que uma pessoa. A pessoa livre que amamos talvez dedique seu amor também a outra.

"Amo você como uma pessoa livre" significa, em última análise: "Amo você, mesmo que você também ame outra pessoa."

Esse é um tema que exige muito trabalho interior. Ele pode desencadear em nós o medo do abandono e o ciúme. É compreensível que, neste momento, algumas pessoas sintam o impulso de parar de ler este livro. Ficam perplexas diante da questão do "amor livre" e têm medo de abordá-la. Por isso dedico um capítulo especial ao medo do abandono e outro ao ciúme. (Eles se encontram entre os pontos decisivos, tanto do primeiro quanto do segundo amaridiano. O tema "formas de relacionamento" será discutido no Apêndice.)

Para a maioria das pessoas, aliás, amor e liberdade estão entre os valores mais importantes. É lamentável o fato de esses valores, com freqüência, serem considerados antagônicos: ou sou livre e desisto do amor, ou tenho um relacionamento amoroso e abro mão da minha liberdade.

Muitas pessoas procuram um acordo torturante, em que um dos dois valores é sempre menosprezado. Se sacrificarmos a liberdade em nome do amor, no fim, o amor acabará sendo prejudicado, pois ninguém quer amar por muito tempo uma pessoa que lhe tolhe a liberdade.

O maior presente que podemos oferecer à pessoa amada é dar-lhe liberdade.

O segundo amaridiano pode precisar ser reforçado:

- ➢ quando eu sentir que não sou capaz de dar amor <2.1.>;
- ➢ quando qualquer tipo de medo me impedir de me doar ao outro livremente <2.1.–2.2.>;
- ➢ sempre que eu der amor para receber amor;
- ➢ quando eu não conseguir dizer sinceramente: "A fonte do meu amor está em mim" (ver "Ponte de pensamentos para a integração", na página 169);
- ➢ quando eu não puder afirmar com sinceridade: "Eu amo você como uma pessoa livre" <2.2.>.

Recebimento do Amor

– O Terceiro Amaridiano –

Assim flui a energia, quando o amor é recebido

Nós nos tornamos totalmente receptivos à corrente de amor da pessoa amada e recebemos essa energia em nós.

As *frases-chave*

Eu recebo o seu amor.

Eu me reconheço diante dos seus olhos amorosos.

Eu lhe digo o que eu quero receber de você.

Deixo de lado minha própria vontade de agir e fico totalmente receptivo ao fluxo do seu amor.

Eu me torno inteiramente aberto e receptivo para a realização no amor.

Você já pensou alguma vez em como pode se realizar no amor, se você aumentar sua capacidade de receber?

"Eu recebo o seu amor"

Sempre dizem que o amor flui num círculo de dar e receber. Quanto a esse aspecto, há um tema interessante que descreverei de maneira mais precisa no capítulo "A dinâmica entre o segundo e o terceiro amaridianos".

Entretanto, existe uma diferença marcante entre dar e receber. O terceiro amaridiano se relaciona com o fluxo de energia que ocorre em mim, quando eu sou o receptor. Trata-se de minha capacidade de me abrir e de receber a energia do amor que meu parceiro me transmite. É como se eu me tornasse um vácuo, para que o amor possa fluir em mim. Sim, como se eu fosse aspirá-lo, sorvê-lo em grandes tragadas (de ar).

Na maioria das vezes, interpretamos nossa recepção apenas como um resultado daquilo que alguém nos dá.

Contudo, é possível que alguém faça o amor fluir dentro de nós, mas numa medida maior do que aquela a que estamos habituados, e então não somos capazes de recebê-lo. Dessa maneira, precisamos reconhecer um fato importante: conseguir receber é uma capacidade que pode se manifestar de forma débil ou se desenvolver por completo — não importa o que a outra pessoa nos ofereça.

Quando alguém nos dá seu amor, mas nós o recebemos sem grande interesse, isso nos deixa vazios e incompletos.

Por outro lado, se uma pessoa nos dá apenas um pouco de amor, porém o captamos com total receptividade, ele nos alimenta e completa por inteiro.

Vamos dar um exemplo: Horst* está muito tenso e sente falta de calor humano. Então decide fazer uma massagem. Apesar de a massagem durar duas horas e ser feita com toda a atenção, Horst não consegue relaxar. Depois da sessão, ele se pergunta, decepcionado, se valeu a pena o dinheiro gasto.

Paul vai ao mesmo massagista. Ele está muito receptivo ao toque e se entrega profundamente. Depois de uma hora, vai para casa satisfeito, sentindo-se ótimo.

Imagine que uma pessoa esteja passando por uma região bonita. Será que ela se deixará comover pelo verde das árvores, pelo azul do céu, pela beleza da paisagem, se não se tornar receptiva a tudo isso? O mesmo acontece durante uma boa refeição, uma ida a um concerto, um gesto de amor: quanto mais receptivos nos tornamos, mais recebemos.

Isso significa que devemos nos contentar com migalhas de amor? Não, de jeito nenhum.

Vou dar um exemplo: o marido de Karin, Paul, às vezes fica meio abstraído e, então, se descuida da mulher. Na maior parte das vezes, ela reage com reclamações, acusações e críticas. "Você nunca tem tempo para mim!" "Você é tão frio! Pelo menos de vez em quando, seja um pouco mais carinhoso!" Com isso ele se sente rejeitado, volta-se cada vez mais para si mesmo e não consegue oferecer nada à esposa.

Concentrar-se na falta geralmente não funciona, quando queremos suprir essa carência. É o que ocorre nesse caso.

Em vez de enfatizar a falta, Karin deveria dar atenção aos menores gestos de amor do marido, assim como aos menos observáveis. Ela poderia tornar-se totalmente receptiva e deixar Paul perceber o quanto seus gestos de amor fazem bem a ela. Isso iria motivá-lo a dar mais de si a Karin. Assim, ela passaria a receber mais do marido. Mas não deve se restringir a isso. Se ela lhe revelar tudo o que quer dele, ele provavelmente aproveitará de duas formas essa oportunidade: por um lado, fortalecerá seu fluxo de

* Aqui e em outros pontos mencionei exemplos verídicos, embora os nomes tenham sido trocados.

amor e, por outro, dará a ela exatamente o que ela quer. Ela o ajudará a se dar, se não exigir isso dele, mas sim convidando-o a fazer isso.

Tornar-se receptivo — pedir algo energicamente

Essas duas coisas são contraditórias? Não. Tudo fica claro quando fazemos uma distinção entre os dois ramos do terceiro amaridiano:

Poder receber e querer receber.

Ambos são importantes. Para poder receber, precisamos estar em condições de ficar extremamente receptivos de maneira consciente. Para querer receber, é essencial que proporcionemos às pessoas um meio de se aproximar de nós, para conhecerem nossos desejos autênticos. Além disso, devemos aprender a pedir aquilo que queremos receber.

Nesse caso, dois aspectos entram em jogo. Por um lado, é fundamental estarmos sempre atentos ao que queremos e sermos responsáveis por aquilo que queremos receber. Por outro, há um aspecto sutil da doação que se manifesta na recepção: com nossa receptividade, oferecemos ao parceiro a oportunidade de ele se entregar a nós, de deixar seu amor fluir. À medida que lhe revelamos o que queremos receber, nós o ajudamos a nos dar aquilo que queremos.

Essas são as qualidades mais importantes desse amaridiano: poder entregar-se, tornar-se receptivo, mas também conseguir pedir aquilo que se quer.

Contudo, às vezes ocorrem várias limitações nesse processo: há momentos em que ficamos tão presos àquilo que queremos do outro, que perdemos a noção da medida e da forma do amor que recebemos. Ou então não temos coragem de solicitar aquilo que realmente queremos. Ou, ainda, não ousamos pedir nada e ao mesmo tempo teimamos em receber: "Se ele me ama, deveria saber o que eu quero!"

Quando reconhecemos que receber é uma capacidade, isso nos motiva a reforçar conscientemente o terceiro amaridiano.

Queremos então desenvolver nossa capacidade de receber como uma aptidão independente. Esse passo nos leva a fortalecer nossa capacidade de amar.

Por diversas vezes fui testemunha de casos em que o fluxo do amor se interrompeu porque um dos parceiros não sabia como recebê-lo. Dar — sim! Mas tornar-se receptivo? Temos a impressão de que nos tornamos tão vulneráveis e fracos! Quando nos doamos, nosso ego pode sentir-se forte. Quando ficamos totalmente receptivos, os limites do nosso ego às vezes começam a se diluir de tal maneira que já não sabemos mais onde eles estão.

Embora isso pareça absurdo, esse é um fato que ocorre com regularidade: ela dá a ele um pouco de carinho, e ele — que estava sedento de afeto — demonstra com indiferença que está tudo bem, mas não se revela inteiramente receptivo, pois ela poderia achar que ele está carente!

O jogo do "mantenha distância" quase sempre está associado com a incapacidade de receber. Ele se dirige a ela carinhosamente — ela se afasta de modo sutil; ela se aproxima dele — ele se afasta, e assim por diante.

Várias pessoas se identificam com esse papel do doador, pois, num relacionamento, precisam de alguém que se mantenha retraído e seja incapaz de se dar livremente. Essas pessoas realizam, por assim dizer, a vontade de poder dar sempre, sem ter necessidade de receber. Na melhor das hipóteses, um dia elas se cansam disso e se abrem para experiências mais substanciais de amor.

Todos nós temos um potencial para nos realizar plenamente no amor. Isso se manifesta no anseio que demonstramos por conseguir essa realização. É possível deixar esse potencial se atrofiar ou então buscar essa satisfação no amor, dando a ele espaço e energia para se expandir.

Se nos tornamos totalmente receptivos à realização completa no amor, despertaremos nosso potencial para que ele cresça nessa direção.

A manifestação mínima do terceiro amaridiano ocorre quando somos capazes de aceitar pequenos gestos de amor. A expansão começa quando, conscientes, reforçamos nossa capacidade de receber. O desenvolvimento máximo se manifesta quando estamos prontos, do ponto de vista energético, para nos realizar plenamente no amor.

A dimensão sexual da recepção

Eu me torno totalmente receptivo ao seu amor, que se expressa por meio de seus toques carinhosos e pelo erotismo prazeroso que sinto com você. Vou lhe dizer o que mais quero receber.

O terceiro amaridiano pode precisar ser reforçado:

- ➢ quando eu tiver medo de perder o amor, sempre que me sentir fraco e não for capaz de oferecer meu amor ao outro <3.1.>;
- ➢ quando eu tiver vergonha de pedir alguma coisa;
- ➢ quando eu me sentir mais inseguro ao receber demonstrações de amor, presentes, cumprimentos, agrados, proteção, etc., do que ao dar, eu mesmo, essa energia do amor <3.1.>;
- ➢ quando eu não me sentir digno ou, por outros motivos, não me encontrar totalmente preparado para viver a realização completa no amor <3.2.>.

Encontro

– O Quarto Amaridiano –

Assim flui a energia, quando nos encontramos no amor

Damos carinho e atenção ao companheiro, para reconhecê-lo em suas particularidades. Se nosso parceiro chegar até nós com a mesma intensidade, haverá uma troca afetuosa de atenções. Presença e amor se potencializam.

As frases-chave

Sinto prazer em encontrá-lo.

Você é para mim um espelho, que reflete tanto o que temos em comum quanto as nossas diferenças.

Eu me comunico com você de modo que você possa me aceitar com minhas peculiaridades.

Eu me diferencio de você, descobrindo meus limites.

Cresço ao seu lado e com você. Abro-me para você e — por meio de você — para mim.

Susanne e Manuel se conheceram numa festa e se apaixonaram. Depois de um ano, estavam convencidos de que eram os companheiros ideais um para o outro. No segundo ano, passaram a viver juntos e se casaram. No terceiro, começaram as dificuldades e, no final desse ano, estavam a um passo da separação. Isso ocorre com milhões de casais. É preciso ser assim? Felizmente, não.

"Sinto prazer em encontrá-lo"

O quarto amaridiano corresponde ao plano do encontro. Nele ficamos juntos, discutimos, nos entendemos e nos conhecemos um ao outro. A forma do amor e a maneira como ele flui caracterizam-se pela aceitação da outra pessoa por meio do afeto.

No início da relação, não é fácil viver essa característica do quarto amaridiano. Nós mostramos um ao outro e descobrimos nossos pontos comuns e ficamos fascinados pela maravilha desse outro mundo, ainda que tão semelhante, que ali se encontra.

O fato de termos conseguido nos entender a ponto de começar um relacionamento amoroso significa que a manifestação mínima do quarto amaridiano está entre nós e começou a se expandir.

Os passos do aprendizado consistem em continuar a sentir prazer no encontro, mesmo quando passamos a descobrir nossas diferenças.

"Você é para mim um espelho"

O encontro só é possível quando você é diferente de mim — quando você não é eu.

Num encontro, não posso tratar de meus interesses comuns comigo mesmo. Apenas no encontro de duas pessoas diferentes isso é possível. Por meio dos interesses comuns, mas também pelo contraste das diferenças, você é um espelho para mim, no qual eu mesmo me reconheço melhor.

Na maior parte das vezes, só começamos a ver nosso companheiro como uma pessoa diferente de nós depois de algum tempo de relacionamento. Isso exige uma comunicação eficaz, um entendimento de coração para coração.

Entendimento de coração para coração

Quando o quarto amaridiano não acompanha a descoberta das diferenças, em vez do reconhecimento afetuoso, costuma ocorrer o oposto: ao lado das diferenças, erguem-se vários muros de proteção, tramam-se guerras interiores e por fim se escavam túmulos para o relacionamento.

Nossa mente não pára de julgar o outro. Porém, esse ainda não é o problema. A coisa fica difícil quando lidamos com esses juízos como se eles expressassem algo essencial com relação à pessoa ou coisa que está sendo julgada. Quantas vezes um diálogo não acaba em troca de acusações e defesas?! Não há nada mais inútil e destrutivo! Quantas vezes deixamos de nos comunicar com o outro, com medo de que a conversa possa terminar num confronto desse tipo? Existem temas que parecem minas prontas a explodir, e por isso procuramos evitá-los.

Se não participamos ao outro o que está acontecendo entre nós, começa a erguer-se um muro. Cada fato que deixamos de comunicar ou ocultamos é um tijolo a mais nesse muro. E com o tempo fica mais difícil derrubá-lo. Como é possível preservar o amor num campo minado e murado como esse? O importante, nesse caso, é procurarmos ter um diálogo sincero, que não acabe em briga, mas sim limpe o terreno para que o amor possa fluir.

No decorrer de minha experiência, pude comprovar que a comunicação de um determinado casal, que era bastante escassa, voltou a fluir normalmente com o "Exercício para purificar a energia dos casais", e eles voltaram a se entender bem. Também recomendo as "Regras para uma conversa produtiva".

Comunicação efetiva

Vale a pena aprender a conversar de maneira produtiva e a comunicar-se de maneira efetiva. Dessa forma, o encontro com a pessoa amada se transforma numa experiência emocionante e enriquecedora. O tema "comunicação efetiva" é bastante abrangente; portanto, não me estenderei nele para não correr o risco de ultrapassar os limites deste capítulo. Por sorte, existem diversos livros sobre o assunto. Entretanto, gostaria de comentar aqui um aspecto.

Já falei a respeito de nossa mania de incomodar os outros com opiniões sobre eles. Mas uma coisa é certa: nenhum julgamento ou opinião é capaz de traduzir o que uma pessoa é na sua essência. Por esse motivo, ninguém os aceita de bom grado. Quando entendemos isso, estamos prontos para dar um importante passo no aprendizado: começamos a levar cada vez menos a sério nossos próprios julgamentos. Evitamos também julgar outras pessoas e usar essas opiniões para fundamentar nosso comportamento. Assim, comunicamo-nos cada vez mais, tendo por base o que percebemos com nossos sentidos e como nos sentimos. Alguns exemplos: em vez de afirmar: "Você é um porco desmazelado", seria melhor dizer: "Estou vendo que você não limpou a banheira; isso me deixa desapontado, pois eu gostaria de vê-la limpa." Em lugar de acusar: "Você é um cabeça-dura", é preferível expressar-se assim: "Se você continuar me olhando desse jeito, vou acabar achando que não consigo me comunicar com você."

Outro tipo de generalização que não parece justa em relação ao parceiro, e que dificulta a comunicação, está ligado ao uso das palavras "sempre" e "nunca": "Você nunca presta atenção no que eu falo!", "Você sempre esquece de colocar o lixo na rua!"

Evitar o uso dessas palavras tão radicais é um bom aprendizado para nossa consciência. Ao mesmo tempo, é um passo importante quando queremos aprender a nos comunicar de maneira eficaz. Às vezes usamos "sempre" e "nunca" apenas para reforçar um sentimento e não para dar uma opinião real. Nesse caso, isso deve ficar bem claro.

Há uma dificuldade especial no entendimento entre mulheres e homens: em algumas situações, é como se eles falassem em línguas diferentes. Esse tema será tratado com maiores detalhes na página 135, quando eu mencionar os pontos decisivos do quarto amaridiano.

Eu me comunico com você de modo que você possa me aceitar com minhas peculiaridades

Caso o quarto amaridiano flua de forma a desenvolver sua qualidade específica, ou seja, a "aceitação mútua por meio de atenção e de carinho", o companheiro, com as peculiaridades de personalidade, deixará de ser um estranho do qual seria melhor nos afastarmos. Então estaremos certos de que ele também nos aceitará com nossas "fraquezas". Passaremos a confiar mais no outro e nos comunicaremos com espontaneidade.

"Sentimentos desagradáveis": sinais de desarmonia e de separação ou chances de aprendizado?

O encontro com outra pessoa e a descoberta das diferenças que existem entre nós geram sentimentos; dentre eles, alguns são desagradáveis. Quanto mais nos aproximarmos um do outro, mais sentimentos, agradáveis ou não, poderão ser suscitados. Se no início não soubermos lidar com esses sentimentos de maneira positiva, podemos ter a seguinte reação: "Estou me sentindo mal e você é o culpado. Portanto, tenho de fazer alguma coisa para impedir que esses sentimentos voltem; do contrário, terei que me afastar de você." Nesse caso, precisamos aprender a lidar com os sentimentos (por exemplo, através do Vivation®).

À medida que conseguimos aceitar nossos sentimentos, eles deixam de ser sinais de desarmonia e de separação. Pelo contrário, só teremos que agradecer ao nosso companheiro por nos ajudar a tomar consciência de todas aquelas partes de nós que eram rejeitadas.

Eu me diferencio de você

Não é bom que sejamos todos tão diferentes? Não é belo o fato de que existem outras pessoas na Terra cujo mundo, totalmente diferente, podemos descobrir? Não é maravilhoso que, ao encontrar os outros, tenhamos a oportunidade de nos conhecer melhor?

"É, sim, mas..." Aceitar as diferenças do seu parceiro não é tão fácil quanto parece. Para ajudá-lo nessa tarefa, abordarei esse tema mais detalhadamente.

Diferenças "inconciliáveis"

Existem diferenças tão fundamentais quanto à forma e às perspectivas de vida, que à primeira vista apresentam-se como inconciliáveis. Por exemplo:

Thomas é piloto e voa pelo mundo; Ulla, sua namorada, é etnóloga e vive com uma tribo na floresta tropical peruana. Susanne quer, de qualquer forma, ter um filho no próximo ano; Frank não quer de jeito nenhum.

Nesses casos, existe uma chance de nos conhecermos melhor, bem como ao outro, se procurarmos esclarecer o quanto essas coisas são realmente importantes para nós. Precisamos descobrir até que ponto elas são inconciliáveis ou de que maneira podemos torná-las conciliáveis.

Para isso, é fundamental ter flexibilidade e criatividade. Assim, talvez surjam formas de relacionamento adequadas e até mesmo não-convencionais. Se Thomas passasse a visitar Ulla de duas em duas semanas e eles passassem dois dias maravilhosos juntos, ambos poderiam sentir-se satisfeitos com isso.

No segundo exemplo, a possibilidade de conciliação parece ser menor, de acordo com os padrões normais. Susanne poderia se dispor a iniciar um segundo relacionamento e ter seu filho não com Frank, mas sim com outro companheiro. Resta apenas saber se todos os envolvidos estão de acordo com essa solução.

Às vezes, um casal chega à conclusão de que, de fato, suas visões de vida e dos relacionamentos são inconciliáveis, e isso leva à separação. Se nos mantivermos fiéis a nossas prioridades e convicções, conseguiremos enfrentar as conseqüências com mais facilidade.

Depois de uma discussão, é possível concluir que o modo como cada um interpreta os "direitos básicos que tem no relacionamento" são inconciliáveis. Os direitos básicos no relacionamento são valores não passíveis de acordos. Por exemplo: a não-violência, a igualdade de direitos, as preferências sexuais, etc. Optar pela fidelidade aos nossos direitos básicos, mesmo que isso implique uma separação, pode ser um passo decisivo em nosso próprio desenvolvimento pessoal.

Diferenças conciliáveis

Entretanto, nos relacionamentos, são comuns as crises relacionadas com diferenças facilmente conciliáveis. Ele gosta de futebol, ela não. Ela é muito organizada, ele é bagunceiro. Ele pensa de maneira lógica, ela chega ao conhecimento de forma direta e intuitiva.

É preciso ter em mente que as diferenças não devem representar limitações ao relacionamento ou até mesmo ao amor. Ao contrário! As diferenças entre duas pessoas só colaboram para formar, estabilizar e avivar a relação. Quantas vezes perdemos tempo discutindo para ver quem está com a razão, quando a vantagem poderia estar exatamente no fato de se poder observar uma coisa sob diferentes pontos de vista?

Dessa forma, o mais acertado é festejar a descoberta das diferenças! Se não houvesse diferenças, não haveria encontros. Na maior parte dos casos, são elas as responsáveis pela atração inicial que os parceiros sentiram um pelo outro.

Se tentarmos acabar com as diferenças em favor da união, da fusão total (quinto amaridiano), é possível que o relacionamento, por falta de antagonismos, acabe chegando ao fim. Quando consideramos as diferenças um perigo para a relação e as evitamos, estamos contribuindo para eliminar os interesses comuns do casal. As desigualdades, se consideradas em conjunto e com carinho, enriquecem os objetivos comuns do casal.

Podemos conhecer o mundo do outro com olhos afetuosos e atentos, e deixarmo-nos mover e modificar por ele. Temos a possibilidade de tomar essa atitude e cultivá-la. Ao fortalecer dessa maneira o quarto amaridiano, aprendemos também a aceitar as particularidades do companheiro, que a princípio achávamos desagradáveis, como parte de suas características dignas de amor.

"Eu me abro para você e — por seu intermédio — para mim"

Quando passamos a aceitar características e comportamentos do nosso parceiro que antes rejeitávamos, abrimo-nos, por meio da pessoa amada, também para nós mesmos. É comum não suportarmos no outro aquilo que rejeitamos e deixamos de lado em nós mesmos.

Num relacionamento saudável, estamos sempre aprendendo com o outro. O fato de continuarmos juntos não depende do desenvolvimento de nossa capacidade de comunicação.

Os pontos de atrito e os "pontos fracos" dos dois, que são capazes de abrir feridas antigas, também podem tornar-se pontos especiais de apoio mútuo.

Quando a esfera do encontro afetuoso, a compreensão de coração para coração, é bastante desenvolvida, também é possível moldar, ao mesmo tempo, o equilíbrio entre o estímulo de crescimento, de um lado, e o apoio mútuo e a estabilidade, de outro. Por exemplo: um casal que se sinta oprimido pela regra do relacionamento exclusivo tem a liberdade de deixar de cumpri-lo durante as férias. Um casal que normalmente pratique a não-exclusividade pode combinar de manter a exclusividade por ocasião da gravidez e do nascimento de um filho, por um certo espaço de tempo.

Quanto mais conseguirmos usufruir o quarto amaridiano, mais rico se tornará o mundo que descobriremos em nós mesmos e no outro.

No desenvolvimento máximo do quarto amaridiano, empenhamo-nos na aceitação do parceiro com atenção e carinho, até mesmo em situações difíceis de conflito. Então é possível celebrar — a uma distância adequada — um inflamado debate com amor e bastante união.

E ainda uma última observação: quanto mais reconhecermos nossas diferenças com uma curiosidade cheia de amor e a festejarmos como uma fonte de riqueza em nosso relacionamento, mais livremente seremos capazes de mergulhar no quinto amaridiano, o da fusão.

O quarto amaridiano pode precisar ser reforçado:

- ➢ se eu não conseguir falar sobre tudo o que estou sentindo com o meu companheiro <4.2., 4.8>;
- ➢ se eu criticar meu parceiro com muita freqüência por causa de sua maneira diferente de ser;
- ➢ se eu não conseguir conversar de maneira proveitosa, (<4.3>) nem me comunicar com eficácia <4.2.>;
- ➢ quando eu não for capaz de perdoar. (Ver "Resolução do ressentimento", à página 184, <4.4>.)

Fusão com o Outro

– O Quinto Amaridiano –

Assim flui a energia, quando duas pessoas se fundem

A energia flui não mais em feixes ou em determinada direção, mas sim de forma circular, através de nós e da pessoa amada. Nós nos tornamos um. Nós nos transformamos um no outro — para fazer fluir a energia em toda a Existência.

As frases-chave

Eu usufruo a união que já temos.

Eu anseio pela total fusão com você.

Eu me abro cada vez mais para que vibremos no mesmo ritmo.

Eu me abro cada vez mais até nos fundirmos totalmente um no outro...

... até que, por meio de você, toda a Existência flua para dentro de mim e eu flua, por meio de você, para a Existência.

Sejamos sinceros: quem não viveu momentos de união que transcenderam os limites de nossa visão de mundo até então predominante?

Um filho passa por uma situação difícil, e a mãe sente o problema a quilômetros de distância. O telefone toca, e eu sei com certeza: é a pessoa amada. Enquanto passeamos lado a lado, quase dizemos a mesma coisa três vezes, em uma hora. Nós nos olhamos e nos entendemos, sem dizer uma palavra.

Muitos casais já sentiram que sua união não se deixa limitar pelo espaço e pelo tempo. O parceiro pode estar a quilômetros de distância, em outro fuso horário, e mesmo assim ainda existem momentos de união absoluta, espiritual e intuitiva.

Não é exatamente isso o que esperamos do amor? O fim da sensação de estarmos separados, a união, a comunhão, enfim, a fusão com a pessoa amada? Isso pode ir desde um sentimento de comunhão espiritual, passando pela união de corações, pela consonância de sentimentos, pela fusão corporal e energética (por exemplo, no sexo), até a total abolição dos limites do nosso eu. A fusão com o parceiro se torna uma abertura para a Existência como um todo.

A maior parte das pessoas já viveu momentos de fusão: em situações em que há tanta compreensão que não precisamos de palavras; ao mergulharmos num profundo olhar, de coração para coração; no orgasmo que coroa um ato de amor e que nos dá plenitude.

É difícil explicar "isso" com palavras, embora o queiramos. A comunhão e a fusão têm, aliás, a característica de eliminar todos os limites, todas as formas. Já por princípio, elas se afastam de tudo o que a razão possa abranger.

Experiências de união, experiências de fusão — se elas precisam de definições e de conceitos, que sejam aqueles que dão ênfase à ausência de forma. A razão compreende de imediato a experiência viva por meio de conceitos — conceitos do passado, conceitos do mundo das formas: "Você é como...!", "Você é minha outra metade, você pertence eternamente a mim". Ela une coisas que não têm nada a ver uma com a outra, criando com isso mais confusão do que clareza e diminuindo o espaço no qual a união e a fusão podem ocorrer.

Toda vez que deixamos de lado definições, associações e limitações da razão, ocorrem passos decisivos no desenvolvimento do quinto amaridiano. Trata-se de uma entrada consciente no caminho da união e da fusão.

A proposta dos capítulos seguintes é ajudar a solucionar associações infrutíferas. Eles devem criar espaço para a ausência de forma, atuando como placas de advertência no caminho, para que possamos cada vez mais nos entregar à união e à fusão.

Fusão e vontade

Você já tentou alguma vez associar união e fusão com a vontade, com o desejo?

Minha experiência da união, da fusão, foi tão bonita, que eu queria vivê-la novamente de qualquer jeito. Mas, embora eu tenha tentado com todo o empenho, o esforço insensato resultou em nada. Então, quando eu já havia desistido, e me sentia frustrado, aconteceu de novo — como por encanto.

Podemos ansiar pela fusão, mas não podemos fazê-la acontecer no momento em que queremos. No entanto, somos capazes de desfrutar a união que já vivemos e apreciá-la totalmente para que ela se desenvolva e nos faça nos abrir para o amor. Quando ambos os amantes anseiam pela fusão e se apóiam nessa busca, a união chega à fusão...

Meditação, Tantra, Vivation® e outros métodos nos ajudam a nos tornar permeáveis e a conseguir a fusão.

Fusão e garantia

Você consegue se lembrar de uma época em que se sentia bastante próximo da pessoa amada e os momentos de fusão eram freqüentes? Você também tentou fazer com que essa experiência não terminasse nunca? E continua tentando fazer isso até hoje? Bem-vindo ao clube!

A fusão com o ser amado não é algo que se encontre em latas de conserva ou que se possa congelar no *freezer*. Ela só acontece no presente.

O presente não faz parte do tempo, passado ou futuro; é parte da eternidade. A fusão nos dá um gosto de eternidade.

Nossa razão não pode compreender o presente eterno, muito menos se fixar nele, pois só consegue se mover no tempo. Portanto, ela traduz a experiência da fusão e do mergulho na eternidade como uma promessa para o futuro.

Tentamos, dessa forma, assegurar para o futuro a união, a fusão e a unidade no relacionamento. Isso reduz nossa capacidade de ficar no presente, e assim desfrutarmos de fato a união e a fusão.

Com o tempo, criamos em torno de nós uma rede tão intrincada de intenções que a união e a fusão espontâneas e reais passam a ocorrer cada vez menos. Satisfazemo-nos, então, com os gestos íntimos, mas em geral vazios, da união.

Intimidade e união

Para que possamos nos abrir e nos entregar ao outro, é imprescindível que confiemos nessa pessoa. A intimidade também é importante, mas se trata de uma coisa diferente: estamos tão familiarizados com a maneira de nosso companheiro se mover, gesticular, pensar, conversar e agir, que não temos nenhuma dificuldade para ficar à vontade ao lado dele — se assim o quisermos.

A intimidade facilita a união, mas não é a mesma coisa. O sentimento de familiaridade pode existir desde o início de um relacionamento. (Será que existem parentes espirituais?) A "verdadeira" intimidade cresce com o tempo, com a vida em comum, com uma história de amor a dois. A união e a fusão acontecem num determinado momento e não precisam de uma história anterior. A intimidade faz parte da matéria da qual o relacionamento é feito; a união e a fusão ocorrem no amor. O amor pode já ter acabado há muito tempo, ao passo que a intimidade continua a existir. Manter-se preso demais a uma intimidade antiga às vezes impede uma união e uma fusão verdadeiras, visto que se torna difícil encontrar o outro sempre de maneira nova, no presente.

A valorização da intimidade e o incentivo para que ela aumente talvez sejam um convite a momentos de amor, de união e de fusão, mas não são capazes de produzi-los nem de substituí-los.

A união acontece no presente e, como este, pode estar sempre conosco.

União, compromisso e envolvimento emocional

Nós não costumamos fazer muita diferença entre essas coisas, o que em geral dificulta a verdadeira união. Nos parágrafos seguintes tentarei diferenciar e aplicar esses conceitos de maneira proveitosa.

União e compromisso

O sentimento de união pode ficar totalmente ameaçado quando nosso parceiro provoca em nós sentimentos que nos fazem reagir com atitudes de distanciamento ou de ruptura. O compromisso entre os parceiros não substitui a união, mas nos ajuda a superar fases difíceis, a abrir caminho novamente para a união e a aumentar a intimidade em âmbitos cada vez mais profundos da personalidade. Ela nos auxilia a não abandonar a escola de desenvolvimento pessoal chamada "relacionamento" diante de qualquer crise de aprendizado, e também a não repetir ininterruptamente as mesmas lições em novos relacionamentos.

O compromisso é uma decisão consciente, na qual deixamos de lado as oscilações da razão e confiamos nas deliberações do coração. Quando decidimos algo do fundo do coração, temos de admitir que é uma resolução nossa. Em contraposição a isso, o envolvimento emocional surge, em geral, não como decisão consciente, mas sim como um processo inconsciente.

União e envolvimento emocional

Às vezes vivemos uma união, ocorre um envolvimento emocional e então consideramos este último como equivalente à união. Entretanto, seria mais sensato separar as duas coisas. A união é um acontecimento ocasional; o envolvimento é algo que surge com o tempo, e se caracteriza como "cordões" energéticos que nos prendem um ao outro. A união é um ponto de contato entre dois seres livres, e que pode levar à fusão. Ao nos envolvermos — consciente ou inconscientemente —, carregamos conosco as expectativas não resolvidas do passado, as promessas e os acordos para o futuro. A união não precisa de nada disso.

Às vezes, duas pessoas estão envolvidas uma com a outra, porém não se sentem muito unidas. Por outro lado, é possível nos sentirmos muito próximos do outro, sem que estejamos envolvidos.

O envolvimento emocional pode nascer no plano do coração ou ser fruto da carência, conduzindo a uma dependência. A união ocorre sempre entre dois seres livres. O envolvimento emocional é capaz de conduzir à união. Mas também pode — quando leva à dependência — tornar-se sufocante e acabar com a disposição para uma união e uma fusão mais profundas.

O nosso anseio pela fusão é uma força impulsionadora no desenvolvimento do quinto amaridiano. É verdade que só a vontade não basta para se conseguir a fusão de maneira direta, mas é possível direcionar essa vontade para desenvolver os três aspectos seguintes.

Três maneiras de abrir as portas para a máxima expansão energética no quinto amaridiano

- A disposição de nos abrirmos, de nos entregarmos totalmente à união e à fusão.
- A capacidade de preservar a união vivificante das associações limitadoras e das conclusões da razão.
- A capacidade de suscitar e despertar a qualidade da união conscientemente, sem cair nas armadilhas do querer e do fazer.

Às vezes, queremos a fusão e ao mesmo tempo temos medo. Isso talvez seja causado por uma confusão com o quarto amaridiano (veja a página 82). Ou, então, provenha de feridas antigas provocadas por limitações.

A dimensão sexual da fusão

O sexo dá ao amor o fogo da sensualidade, a seiva, o palpável e a realidade do corpo. A tensão entre o lado feminino e o masculino dá mais suavidade ao anseio pela união. Quando a tensão sexual chega à fusão, o amor deixa-se envolver pela força da energia vital. Mesmo quando não há muita união entre o casal, no fogo do encontro sexual muitos limites são superados. Desse modo, às vezes o sexo abre uma porta para o amor.

Podemos, entretanto, tornar nosso corpo e nossos sentimentos tão permeáveis que sexo, coração e espírito se liguem de modo ainda mais notável e profundo. Métodos como o Tantra e o Vivation® nos ajudam a conseguir isso. O sexo então se torna o fogo da nossa fusão, a celebração do nosso amor, a passagem entre a Terra e o Céu, a iniciação no êxtase de sentir-se pleno com o outro e por meio dele. O sexo dá prazer.

O quinto amaridiano pode precisar ser reforçado:

- se eu sentir medo de muita proximidade <5.1.>;
- se eu sentir medo da perda de controle, da doação, da fusão <5.2.>.

Doação Conjunta

– O Sexto Amaridiano –

Assim flui a energia,
quando transmitimos aos outros
o amor que vem da grande fonte universal

Unimos nossos corações, recebemos da fonte universal e oferecemos aos outros nosso amor potencializado.

As frases-chave

Celebrando nosso amor e agradecendo por ele, abrimos nossos braços aos outros e ao mundo depois de unir nossos corações.

Nós nos damos aos outros, depois de unir nossos corações. Incluímos nesse abraço nossas diferenças, considerando-as variações da nossa multiplicidade comum.

Quando me uno a outro coração, com afeto, surge uma nova relação: o casal e os outros, o casal e o mundo. O sexto amaridiano pode se expressar quando o casal organiza uma festa, faz um trabalho, educa os filhos; caso o coração de ambos se unam num só, eles conseguirão estender seu abraço aos outros.

O que ocorre então não é apenas uma simples extensão do amor, mas uma potencialização. Origina-se um terceiro coração, maior. Um canal muito mais amplo para a energia que flui entre os que se amam.

O sexto amaridiano também serve para festejarmos nosso amor a dois de maneira especial, expressando nosso agradecimento e celebrando a dádiva do amor. Não é à toa que se costuma dizer que o amor passa a ser mais solene quando o oferecemos a outra pessoa.

O que influencia o sexto amaridiano?

Um aspecto que se expressa no sexto amaridiano é, com certeza, a profundidade da união, o quinto amaridiano. Um outro aspecto igualmente importante é a situação do quarto amaridiano. A questão aqui é saber até que ponto os parceiros são seres opostos com igualdade de direitos. Em que medida conseguem manter contato? Qual é a proximidade que conseguem manter durante os conflitos? Como podem desenvolver um denominador comum, tirar proveito das diferenças e aceitar um ao outro? O quarto e o quinto amaridianos influenciam, portanto, a força do sexto. Quando um casal dedica pouco tempo e espaço ao desenvolvimento do quarto e do quinto amaridianos, é possível que ele exija demais do sexto. Este passa a ser requisitado em excesso com a educação dos filhos e com a manutenção da casa, embora não seja cultivado. A união se torna cada vez mais frágil, e as diferenças não esclarecidas fazem o casal se deixar levar pela correnteza, cada qual numa direção.

Doação conjunta e o relacionamento com os filhos

Geramos os filhos na fusão, quase como fruto do quinto amaridiano. O sexto amaridiano está preparado para acompanhar, com seu fluxo, o filho do casal ainda por algum tempo. É natural que os pais dêem à criança que está crescendo uma dose extra de amor, de atenção e de proteção. De certo modo, para lembrarmos de onde ela vem — da fusão de dois corações.

Quando geramos um filho, parece que, na verdade, a natureza biológica fala mais alto do que o coração, e muitos filhos são o resultado de um "escorregão" — mas isso não tem importância quando analisamos o fato de maneira geral. De um ponto de vista ideal, os filhos são frutos do quinto amaridiano. E o sexto amaridiano é a irradiação que, além do amor do pai e da mãe, dá força para crescerem e conseguirem ficar auto-suficientes.

Também tenho a impressão de que, de certa forma, as crianças pequenas querem sentir que o sexto amaridiano está voltado para elas. Elas não querem receber em separado o amor da mãe e do pai. Para as crianças, faz uma enorme diferença se o relacionamento do casal permanece fechado para elas ou se elas recebem um fluxo reforçado de amor vindo dos corações unidos do casal.

A relação da mãe e do pai com a criança pode ter ainda a seguinte característica: se o sexto amaridiano se manifestar fracamente, o relacionamento dos pais com a criança será superficial. Nesse caso, ou se estreitará o relacionamento entre o casal ou entre o filho e um dos cônjuges.

O ciúme na família pode ter as mais diferentes causas, mas uma delas é o enfraquecimento do sexto amaridiano. A criança percebe que está excluída da união que existe entre o casal e que ela só tem a perder diante do amor deles. Então passa a lutar contra isso com seus próprios meios.

Quando ambos os pais não desenvolveram uma ligação com o filho, com a ajuda do sexto amaridiano, nos casos, por exemplo, em que mãe e filho têm um relacionamento em que o pai sempre fica "de fora", isso pode dar origem ao ciúme. A impressão que se tem é que, sempre que um dos adultos se volta para o filho, ele se distancia do seu companheiro.

Em muitos casos, se o sexto amaridiano for reforçado, isso amenizaria ou neutralizaria o ciúme familiar.

Valeria a pena fazer uma meditação a dois, mentalizando o sexto amaridiano e, em pensamento e emoção, transmitir a energia desse amaridiano para o filho. Também é uma boa idéia trabalhar o sexto amaridiano antes de o casal empreender algo em comum. Ou expressar o sexto amaridiano de forma física, como, por exemplo, abraçando juntos o filho, dançando com ele ou embalando-o no colo dos dois. Isso faz bem à criança e a toda a família.

Não é apenas o sexto amaridiano que desempenha um papel importante no relacionamento entre pais e filhos. Você lerá mais sobre esse assunto em "Os amaridianos e o relacionamento entre pais e filhos", na página 116.

O que acontece quando o pai e a mãe não formam mais um casal? Se a nova forma de relação entre eles estiver definida, sempre continuará existindo entre ambos um sentimento de cumplicidade e de união (quarto e quinto amaridianos). Programas em comum com o filho indicarão a situação do sexto amaridiano.

O filho já sofre o suficiente com os conflitos internos e externos resultantes da separação. Por que não deixá-lo aproveitar algo de bom do relacionamento, reforçando o sexto amaridiano? Por que não ajudar todos os envolvidos a superar mais facilmente o problema?

Quando a mãe (ou o pai) tem um novo relacionamento, é bom, tanto para o filho quanto para todos os envolvidos, que o casal fortaleça o sexto amaridiano. Isso impedirá que a criança encare o novo parceiro do pai ou da mãe apenas como um rival e um intruso. E o novo companheiro, por seu lado, se sentirá mais seguro se envolver a criança num abraço, em vez de vê-la somente como um fator de perturbação indesejado. Isso também o ajudará a construir seu próprio relacionamento com a criança.

Doação conjunta em projetos comuns

Também vivi intensamente o sexto amaridiano no período em que dava seminários do Vivation® junto com minha companheira Sigrid Lange. Depois de um desses seminários, nosso relacionamento afetivo se aprofundou tanto do ponto de vista transpessoal, que só pude atribuir isso ao efeito do sexto amaridiano.

Algumas das coisas que aprendi, enquanto Sigrid e eu dávamos seminários juntos, também desempenharam um papel importante em outros projetos que desenvolvemos em conjunto.

Tratava-se de minha capacidade de repartir influência. Eu precisava dividir tarefas numa esfera em que normalmente consigo me expressar muitíssimo bem. A coisa mais difícil para mim foi ter de dar espaço para minha companheira, quando ela passou a dirigir o seminário de um jeito que, na minha opinião, não parecia ser o melhor. O que me ajudou a aceitar o modo pelo qual minha parceira se expressava? Foi minha disposição para perceber que a forma como ela dirigia o seminário enriquecia o trabalho que estávamos fazendo juntos. Dessa forma, consegui fortalecer o quarto amaridiano.

Todavia, a disposição dela para lutar pelo seu espaço mostrou-se decisiva, mesmo tendo de passar por cima de chavões como "Atrás de um homem de sucesso há sempre uma mulher", etc.

O sexto amaridiano pode precisar ser reforçado:

- se o casal se fechar em seu mundo e não mantiver contato com os outros;
- se surgir um clima de competição e disputa pelo poder durante atividades em comum <4.5., 6.1.>.

O "sétimo céu"

Amor não é a mesma coisa que relacionamento, ainda mais se depender dos seis amaridianos. Em épocas em que meu amor não dependia de ninguém, em que eu podia "abraçar o mundo todo", em que eu vivia afastado do meu amor, consegui chegar à seguinte conclusão: nossa disposição geral, nossa maneira de agir, de falar, de pensar, de respirar, nosso modo de existir, tudo pode ser amor. O amor é capaz, então, de se elevar acima dos amaridianos. Ele flui livremente, sem depender dos relacionamentos, das formas, dos amaridianos.

Com o domínio dos seis amaridianos, teremos condições de chegar a isso, desenvolvendo de tal modo nossa capacidade de amar que, com freqüência, nos sentiremos de novo no sétimo céu...

Agora, que acho que apresentei em detalhes os seis amaridianos, eu gostaria de falar a respeito da dinâmica que os une e dos equívocos que costumamos cometer no que se refere a eles. Isso ajudará não apenas a esclarecer enganos, mas também a entender melhor cada um deles.

Se você não quiser continuar a ler a parte teórica, mas desejar algumas sugestões práticas, poderá passar para a terceira parte do livro, "O uso prático dos seis amaridianos", e depois voltar para o capítulo a seguir. Se não for esse o seu caso, bem-vindo ao tema.

Dinâmica e Possível Confusão entre os Amaridianos

Em cada amaridiano existem um potencial, um desafio e uma dinâmica de crescimento para se desenvolver, da manifestação mínima até a expansão máxima. Além disso, há uma dinâmica entre os amaridianos que faz com que um estimule o outro, o instigue, desafie; com que um se esforce para alcançar o outro ou sirva como seu contrapeso.

Como os amaridianos se estimulam mutuamente e passam fluindo um pelo outro ao longo da vida, é possível misturá-los e confundi-los.

Dessa forma, por exemplo, eu posso receber tanto amor através do terceiro amaridiano (receber), que isso me incite a amar mais a mim mesmo. Entretanto, assim mesmo, o terceiro amaridiano não me livra da necessidade de reforçar diretamente o primeiro amaridiano, "Eu me amo assim como sou". Se eu achar que conseguirei sentir mais amor por mim mesmo à medida que recebo amor de outra pessoa, terei confundido os amaridianos. Com muita freqüência, o amor morre asfixiado quando isso acontece.

O fato de nos conscientizarmos desse equívoco já é um primeiro passo para desemaranhar os amaridianos e aumentar nossa capacidade de amar. Um segundo passo consiste em fortalecer ambos os amaridianos envolvidos. Num terceiro passo, podemos exercitar conscientemente a mudança de um amaridiano para o outro.

Ao tomar consciência, pela primeira vez, da confusão dos amaridianos, talvez nossa mente fique perturbada ou bloqueada. Isso indica o nível de confusão que está havendo.

Relaxar, ler várias vezes sobre o assunto, mas, principalmente, associá-lo com suas experiências o ajudará a elucidar os fatos.

Exemplos

A dinâmica entre a aceitação do amor e todos os outros amaridianos

Uma vez que, em todos os amaridianos, eu me relaciono com as outras pessoas a partir de mim mesmo, o primeiro amaridiano é fundamental para todos os outros. Quanto mais eu amar a mim mesmo, mais amor poderei dar, receber e inspirar no relacionamento; mais me sentirei confiante e apto para me entregar à fusão. Quanto mais eu amar a mim mesmo, mais os outros amaridianos conseguirão se expandir.

Naturalmente, o desenvolvimento dos outros amaridianos também promove a expansão do primeiro — e ele também nos estimula a isso. Quando, por exemplo, por meio da fusão no quinto amaridiano, recebemos mais amor do que somos capazes de aceitar, somos estimulados a cultivar nosso amor-próprio. É claro que, nesse caso, isso também depende de nós.

A dinâmica entre a aceitação e a doação de amor

Quando tenho acesso à minha própria fonte, posso amar a mim mesmo; quando estou cheio de amor, surge a necessidade de transmiti-lo a outras pessoas, o que significa que do primeiro amaridiano flui um prolongamento para o segundo.

Confusão entre aceitar e dar amor

Às vezes estamos tão pouco acostumados com a idéia de que a fonte do amor está dentro de nós, que primeiro precisamos amar outra pessoa para poder depois sentir em nós a corrente do amor. Percebemos o amor apenas ao dá-lo a outro. Chegamos a ponto de querer amar alguém não por causa dele mesmo, não porque queremos dar nosso amor a essa pessoa, mas sim para poder sentir em nós o fluxo do amor. Em outras palavras, tentamos atingir, por meio do segundo amaridiano, aquilo que é da competência do primeiro.

É bom que o amor possa ser despertado em nós por uma outra pessoa. Entretanto, quando precisamos amar alguém para sentir a energia do amor em nós, não temos quase nenhum acesso à nossa própria fonte! Resulta daí uma dependência, com todas as suas desvantagens.

Um bom passo para atingirmos o amor como condição de existência é darmos a nós mesmos o amor que sentimos pelos outros; cultivarmos o amor por nós mesmos, onde quer que estivermos. O exercício "Como nos prover de amor", na página 97, pode servir como uma chave para entrar em contato com a nossa própria fonte a qualquer momento.

A dinâmica entre a aceitação e a recepção do amor

Quanto mais amamos a nós mesmos, mais amor podemos receber. O inverso também apresenta uma dinâmica sutil: no momento em que recebemos amor, nossa disposição para aceitar o amor universal é fortalecida. É como se o amor que recebemos de outra pessoa batesse na porta do nosso primeiro amaridiano. Esse amaridiano então se abre um pouco mais, mesmo que esteja totalmente bloqueado, e nós nos sentimos cheios de amor e ligados a tudo.

Sem dúvida, o amor que recebemos de outra pessoa é capaz de nos alimentar por algum tempo. Todavia, quando recebemos amor por um longo tempo, quando achamos que as árvores estão mais verdes e as pessoas mais amáveis, é porque, na maior parte das vezes, nosso primeiro amaridiano se abriu — sem nossa intervenção. Sentimo-nos amados e espontaneamente aceitamos mais do amor universal que nos circunda.

Se não nos conscientizarmos disso, talvez pensemos que continuamos a nos alimentar da porção de amor que sempre recebemos. Quando o primeiro amaridiano se fecha novamente, imaginamos que a porção recebida se consumiu e que deveríamos receber outra vez o amor de alguém.

Portanto, o terceiro amaridiano pode, inconscientemente, estimular o primeiro — à medida que estivermos prontos a amar a nós mesmos. Mas isso não substitui o passo que nos ensina a abrir o primeiro amaridiano.

Caso contrário, tornamo-nos dependentes do amor de outra pessoa e confundimos os amaridianos.

Confusão entre aceitar e receber amor

Às vezes, não conseguimos dizer sinceramente "Eu me amo assim como sou" (primeiro amaridiano). Por isso, procuramos alguém que nos dê amor (terceiro amaridiano) para tampar o buraco existente em nosso amor-próprio. Em outras palavras, esperamos do terceiro amaridiano aquilo que faz parte do primeiro.

Essa tentativa está fadada ao fracasso desde o princípio. Mesmo quando recebemos amor, ele não consegue chegar às partes do nosso corpo que mantivemos esquecidas ao rejeitar nosso próprio amor.

De maneira geral, não conseguimos receber por inteiro (terceiro amaridiano) o amor que nos é dado, pois não nos sentimos dignos de ser amados (primeiro amaridiano). Isso mostra a dinâmica entre o primeiro e o terceiro amaridianos e exige o fortalecimento do nosso amor-próprio.

A dinâmica entre dar e receber

A minha doação é a recepção do outro; em contrapartida, o que ele dá é o que eu recebo. Apenas quando existe esse inter-relacionamento, surge a dinâmica entre o segundo e o terceiro amaridianos.

Com a reciprocidade de dar e receber, cria-se um ponto de união, uma ponte. A partir daí, é possível definir se o relacionamento surgirá, como ele se ampliará ou se deixará de existir.

"Será que ele (ela) também me ama?" Com essa pergunta, procuramos a manifestação mínima desse ponto de união. Se a outra pessoa não nos ama o suficiente para receber o nosso amor e não nos quer dar o seu amor, o relacionamento não tem condições de se desenvolver.

Porém, mesmo quando já existe um relacionamento, muitas vezes nos questionamos sobre a manifestação mínima dessa ponte — principalmente nos momentos difíceis. Perguntamo-nos, então, se o outro é a pessoa "certa" para suprir o nosso anseio de felicidade e realização no amor. Com muito mais freqüência do que o desejado, colocamos em dúvida o relacionamento.

Esse ponto de união entre os parceiros é como uma via de mão dupla, na qual o amor flui em ambas as direções. Diariamente avaliamos se o amor flui, se pára de fluir, se torna a correr ou, quem sabe, foi interrompido para sempre.

Essa maneira de agir não é adequada para estimular o fluxo do sentimento. Pelo contrário, ela age como um freio do amor, conduzindo à paralisação e à estagnação. Pensamos da seguinte forma: "Se eu não receber de você o que quero, não lhe darei mais nada."

Essa atitude, tão usada no comércio, é absolutamente imprópria em relação ao amor. Pois, a partir dela, o que ocorrerá? Meu parceiro, por algum motivo qualquer, chegou a um ponto em que o seu amor paralisou e me trata friamente. Então, eu recolho meu amor por ele e assim também acabo interrompendo meu fluxo de amor. Se agirmos assim, estaremos alimentando a idéia errônea de que "a paralisação de ambas as partes proporciona uma estagnação melhor"!

A solução para essa situação não é deixar de lado nosso comportamento de troca para cair no outro extremo: "Eu ofereço meu amor, mesmo sabendo que não vou receber nada daquilo que quero." Essa atitude é recomendável apenas para quem tem vocação para mártir e, além disso, não espera ter muita realização no amor. Nem o caminho da troca comercial nem o do mártir são apropriados para a dinâmica entre dar e receber. Também a oscilação de um extremo a outro não garante muita felicidade no amor.

Por que não somos capazes de amar incondicionalmente e ao mesmo tempo fortalecer nossa capacidade de receber amor? Como se fossem dois caminhos paralelos — de um lado, "a doação espontânea"; do outro, "a total recepção".

A doação espontânea significa dar amor incondicionalmente, sem especular se se receberá algo em troca.

A recepção total tem três aspectos:

1. Procuro avaliar em que medida algo me foi dado. Recebo-o conscientemente, assimilando-o por inteiro.
2. Digo ao meu companheiro o que eu quero, e abro-me para receber cada vez mais dele.

3. Projeto-me para além do meu companheiro, na Existência como um todo, e me torno 100% receptivo para a total realização no amor.

Em segundo plano

O terceiro aspecto fortalece nossa disposição para conseguir a realização no amor — acima das concepções que tínhamos até então. Isso é importante, pois muitas vezes essas concepções já estão associadas a uma possibilidade, mesmo que mínima.

Por outro lado, à medida que nos abrimos para a total realização no amor, ativamos uma dinâmica da expansão. Essa expansão ajuda, a nós e ao nosso parceiro, a libertar-nos de concepções limitadas e estruturas rígidas.

Podemos ver o terceiro aspecto da recepção também como um prolongamento dos dois primeiros. Nestes, minha energia do desejo e da recepção dirige-se apenas ao parceiro. Quando, no terceiro aspecto, direciono minha disponibilidade de recepção para além de meu companheiro, para a Existência como um todo, ele continua no processo, desde que concorde com isso. O terceiro aspecto abrange o parceiro e ao mesmo tempo o liberta de ser o único responsável por minha realização total.

Muita gente tem medo de que o terceiro aspecto da recepção total não fortaleça o relacionamento, mas nos afaste dele.

Mas o que ocorre é o contrário: quando o fluxo de amor se interrompe e nós não fortalecemos os três aspectos da recepção, na maior parte das vezes já teremos dado em pensamento alguns passos que nos conduzem para fora do relacionamento. "Eu não estou recebendo aquilo de que preciso; então, é melhor eu desistir desse amor e encontrar outra pessoa, se quiser ser feliz." Pensamentos desse tipo geralmente já surtem um efeito de ruptura.

Esses pensamentos e a predisposição cada vez maior para encontrar um novo parceiro — sem que isso realmente ocorra — provocam um efeito destruidor no relacionamento. Um difícil dilema servirá de base para ele: "Ou fico ao lado do meu parceiro e renuncio ao meu direito de realização total, ou procuro outra pessoa e perco o meu companheiro." Ao fortalecermos os três aspectos da recepção, esse dilema deixará de existir, bem como seu efeito destrutivo. Se, mesmo assim, o relacionamento chegar ao fim, pelo menos não terá sido por causa do terceiro aspecto do ato de receber, e sim porque não foi possível fazer a doação espontânea e a recepção total fluírem adequadamente.

Uma questão interessante

Às vezes se fala do ciclo de dar e receber. Mas, quando analisamos com mais cuidado essa questão, verificamos que, no caso do amor, não se trata de um ciclo do tipo "Eu dou o meu amor na mesma medida em que recebo".

É claro que, se quero dar amor, é porque devo ter recebido. Porém, será realmente o amor do meu companheiro que eu retribuo, quase como se fosse uma reciclagem? E meu companheiro, será que faz o mesmo com o seu amor, para continuar uma reciclagem do sentimento? E de onde, afinal, se originou o primeiro amor? Aliás, quando falamos de ciclos, será que isso tudo não tem que ver com três ciclos ligados entre si?

O primeiro ciclo:

Recebo a energia do amor diretamente da Existência. Quanto mais eu a transmitir, e com isso enviá-la de volta à Existência, mais ela fluirá da minha própria fonte.

O segundo ciclo:

A mesma recepção existencial e a doação pessoal ao meu parceiro.

O terceiro ciclo:

A doação e o recebimento entre esses dois ciclos.

Os dois primeiros ciclos influenciam bastante o que acontece no terceiro. Faremos justiça à dinâmica entre os três ciclos, se cultivarmos a livre doação e a recepção total. Isso faz com que nosso próprio ciclo de amor comece a circular e abranja a troca afetiva com nosso parceiro. (Veja também "Dar e receber", a partir da página 108.)

O equilíbrio entre dar e receber

É saudável e benéfico para o relacionamento que cuidemos para que recebamos tanto do nosso parceiro quanto damos a ele. Porém, não porque, caso isso não ocorresse, não teríamos mais amor ou seria uma troca injusta, e sim porque surgiria no relacionamento um desequilíbrio energético.

É muito bom quando estamos equilibrados com o nosso parceiro. No entanto, esse equilíbrio pode acabar, sobretudo quando um dá e o outro recebe. Uma situação dessas combina melhor com o relacionamento entre um mecenas generoso e um receptor carente do que com um relacionamento entre duas pessoas adultas e livres.

Quando, de modo geral, recebemos menos do nosso parceiro do que lhe damos, tendemos quase sempre a restringir nosso gesto de dar. Isso tem uma desvantagem: pode induzir nosso próprio fluxo de amor a cessar. Se, em vez disso, fortalecermos os três aspectos da recepção, com freqüência nosso companheiro tende a se sentir motivado a nos dar mais amor. (Veja também "Dar e receber", a partir da página 108.)

Confusão entre dar e receber

Nesse caso, tornamo-nos ativos no segundo amaridiano, mas na verdade queremos receber no terceiro. Abraçamos alguém, porém também ansiamos por ser abraçados. Damos nosso carinho e demonstramos interesse sexual, mas queremos em troca segurança material. Lavamos e passamos e em troca queremos sexo. Damos para receber.

Dessa maneira, não é possível dar livremente. O sentimento de não poder dar incondicionalmente restringe nossa disponibilidade para receber de modo total. O fluxo recíproco de dar e receber fica comprometido.

O ponto de união entre o segundo e o terceiro amaridianos com o quinto amaridiano

Quando os dois parceiros continuam a desenvolver sua capacidade de dar incondicionalmente e de receber de modo total, a corrente de dar e receber se torna cada vez mais forte e mais íntima. A ponte entre o segundo e o terceiro amaridianos, o ponto de união entre os amantes torna-se cada vez mais denso. Dessa forma, surge um ponto de partida para a união, para o quinto amaridiano.

Assim como o segundo e o terceiro amaridianos existem independentemente, o mesmo ocorre com o quinto: a doação incondicional e a recepção total recíprocas são também um exercício e um convite para o quinto amaridiano. No quinto amaridiano, damos e recebemos ao mesmo tempo: a energia começa a fluir em círculo, até que dar e receber se fundam, até que eu e você sejamos um só. Quando temos dificuldade para dar incondicionalmente ou receber de forma total, é porque temos dificuldade para permitir a fusão. Quanto mais livremente damos e quanto mais inteiramente nos tornamos receptivos, mais permeáveis ficamos com relação à fusão.

A dinâmica entre dar amor e fundir-se com o outro

O segundo amaridiano desenvolve-se do "Eu o amo" para "Eu quero lhe dar". Ao mesmo tempo pode ocorrer também um movimento na direção do quinto amaridiano: "Eu anseio pela total fusão com você." Esse movimento recebe energia principalmente por meio da dimensão sexual do segundo amaridiano: "Amo-o como um ser sexual, quero fundir-me com você."

O movimento do segundo amaridiano em direção à fusão (quinto amaridiano) precisa de um elo de ligação para poder se realizar: quando o parceiro amado recebe nossa energia de amor e, portanto, vai para o terceiro amaridiano, surge um ponto de ligação, que pode se transformar na união, a manifestação mínima do quinto amaridiano.

Caso o anseio pela fusão depare com o amor do outro, o quinto amaridiano pode se expandir. A tensão entre "Eu o amo" e "Quero me fundir com você" chega à fusão e ali se mantém.

Se não houver uma disponibilidade comum para a expansão do quinto amaridiano, não ocorrerá a fusão. Quem, apesar de não haver disponibilidade comum, insistir em se fundir com o outro, acabará importunando-o e agindo contra o desenvolvimento do segundo amaridiano, "Amo-o como uma pessoa livre".

Confusão entre doação e fusão

Quando queremos seduzir alguém de qualquer jeito e acabamos ficando frustrados, às vezes nos tornamos vítimas de uma variante sutil desse equívoco. Pode-se observar isso principalmente entre os homens: depois de muito esforço, eles conseguem que suas pretendidas se sentem ao lado deles no restaurante. E então o que é que eles fazem? Em vez de aproveitar a oportunidade de união que se apresenta, tentam impressioná-las e acabam só falando bobagens.

Interiormente, eis o que aconteceu: a partir do "Eu o amo" (segundo amaridiano), esses homens passaram direto para o desejo de fusão com a mulher amada. No entanto, a fusão não pode ser vista como resultado do segundo, mas apenas como uma expansão do quinto amaridiano. Esses homens, entretanto, permanecem no segundo amaridiano. Eles acham que a fusão pode ocorrer como prolongamento, como resultado do segundo amaridiano. A seguir, imaginam que devem conquistar a mulher por meio da força de seu amor ou por qualquer tipo de atitude que se imponha.

Dessa forma, eles renegam, sem querer, a manifestação mínima do quinto amaridiano: "Eu desfruto a união que já temos." Quando o homem nem sequer chega à manifestação mínima, como é que o quinto amaridiano pode se expandir até chegar à fusão? Se houver um dar e receber mútuos, isso já será um ponto de partida para o quinto amaridiano!

Atitudes galanteadoras e gestos de amor podem ser o começo de uma sedução. Mas, no quinto amaridiano, a sedução torna-se uma dança a dois. O "sedutor" se acalma diante da união provável, para desfrutá-la. Ele se lança com todo o ímpeto, deixa-se conduzir por ela. Quando a "seduzida" quer, surge uma troca de olhares, encontros e frases. Caso ambos usufruam a união, ela se ampliará. Se ambos almejarem a fusão e nada atrapalhar o quinto amaridiano, ela acontecerá.

E aqui ocorre um outro equívoco, não menos difundido, entre o segundo e o quinto amaridianos: queremos amar, mas nos bloqueamos no que diz respeito ao ato de dar, junto com o amor, também a liberdade (desenvolvimento do segundo amaridiano), porque achamos que isso seria contrário ao nosso anseio por fusão (expansão do quinto amaridiano).

A dinâmica entre o encontro e a fusão

Evidentemente, o primeiro amaridiano, "Eu me amo assim como sou", e o terceiro, "Eu recebo o seu amor", podem se manifestar ao mesmo tempo. Contudo, isso não acontece da mesma maneira entre o quarto e o quinto amaridianos. No quarto amaridiano (encontro), leva-se em consideração o "Eu e você somos pessoas diferentes", ao passo que, no quinto (fusão), o movimento segue em direção ao "Eu sou você", ou seja, no sentido da dissolução das diferenças.

A alternância entre o quarto e o quinto amaridianos é como o pulsar. É o ritmo de um relacionamento vivo. No revezamento rítmico entre fundir-se com o outro e então, novamente, vê-lo como uma pessoa diferente, o relacionamento se intensifica e cresce. Aprendemos a conhecer a nós mesmos e ao outro, eliminamos nossa antiga limitação e acabamos nos modificando.

O jogo de revezamento entre o quarto e o quinto amaridianos assemelha-se à alternância entre proximidade e distância, mas não é a mesma coisa. O quinto amaridiano deixa a distância para trás na fusão até o ato de tornar-se um só. Se o quarto amaridiano estiver bem desenvolvido, não é preciso fugir ou distanciar-se do conflito. Quando, de certo modo, conseguimos desfrutar o encontro e a diferenciação, uma discussão pode ser tão rica que o amor vibre junto e a proximidade se concretize.

É possível compararmos o quarto e o quinto amaridianos ao jogo de alternância que existe entre o inspirar e o expirar: um precisa do outro, mas ambos não podem ocorrer ao mesmo tempo.

Equívoco entre encontro e fusão

Estamos agora com nosso companheiro no quarto amaridiano (encontro, diferenciação), mas não podemos aproveitá-lo no que ele tem de característico, porque em vez disso almejamos as qualidades da concordância e da fusão (quinto amaridiano).

É importante esclarecer que, nesse caso, o quarto e o quinto amaridianos, por natureza, gostam de se alternar.

Às vezes, a fusão não dá espaço para a razão. Isso acontece porque a nossa mente entende mal a fusão em sua essência. Ela traduz a experiência atemporal da eternidade na fusão (quinto amaridiano), que sempre ocorre no presente, como promessa futura da longa simbiose no tempo. É compreensível que a razão sinta o plano da diferenciação (quarto amaridiano) como uma traição.

Por outro lado, surge a confusão entre o quinto e o quarto amaridianos: não conseguimos nos abrir para o quinto amaridiano (fusão), não nos entregamos, não somos capazes de partir para a fusão, porque ao mesmo tempo permanecemos ligados à nossa individualidade, àquilo que nos distingue (quarto amaridiano).

Temos medo de que o quinto amaridiano tire de nós aquilo que é uma característica do quarto. É mais ou menos como se não conseguíssemos inspirar totalmente, por medo de não podermos mais expirar.

É possível atribuir isso, mais uma vez, ao fato de nossa razão não se encaixar na fusão. É comum agirmos como se nossa razão fosse o âmago da nossa individualidade. Conseqüentemente, sentimos a ausência do ego e da razão na fusão como a perda de nossa individualidade — como um tipo de morte.

Sim, na fusão de um ato de amor profundo renunciamos ao nosso individualismo, abrimos mão de controles e, talvez, de partes de nossa personalidade. Entretanto, será que isso significa perder a individualidade? Muitas pessoas já constataram que, depois de uma profunda experiência de fusão, se sentiram mais felizes, mais naturais e mais autênticas. Aqui parece evidente haver uma distinção entre personalidade e individualidade.

Considerando-se a origem etimológica dessas palavras, veremos que personalidade é algo diferente de individualidade. *Persona* vem do grego e significa “máscara”. “Indivíduo” deriva da palavra latina *dividere*, e quer dizer “aquilo que não pode ser dividido” — uma unidade total.

Portanto, na fusão, possivelmente deixamos para trás crostas de nossas estruturas de personalidade que vão se separando de nós; à medida que nos entregamos à energia do amor, ganhamos, em contrapartida, em união com a Existência. É quase como se tivéssemos lavado a nossa essência e pudéssemos, então, ser cada vez mais autênticos.

De fato, o jogo de alternância entre fusão, de um lado, e diferenciação ou individualização, do outro, parece promover e alimentar ambas as qualidades: à medida que perdemos, durante a fusão, nossas máscaras pessoais, recuperamos nossa individualidade de maneira mais autêntica. Quanto mais próximos estamos de nossa individualidade autêntica, de nossa essência, mais livre e profundamente somos capazes de chegar à fusão.

Existe também o medo de que a entrega possa significar submissão ao outro. Uma ajuda significativa, nesse caso, consiste em avaliarmos que, durante um ato de amor profundo, não nos entregamos à personalidade do outro. Ambos se entregam à energia do amor.

Às vezes essas confusões, nas quais colocamos liberdade e individualidade em contraposição à união do quinto amaridiano, custam a ser esclarecidas. Com freqüência confundimos a união (em si libertadora) com um envolvimento emocional gerador de dependência e achamos que esse tipo de envolvimento é a mesma coisa que união.

Talvez você tenha percebido, em um ou outro ponto, que apenas o fato de descobrirmos o equívoco de um amaridiano já nos ajuda a deixar que o amor flua com mais liberdade. Porém, o uso prático do conhecimento dos amaridianos vai além desse efeito. A próxima parte do livro será dedicada a esse assunto.

PARTE 3

O Uso Prático dos Seis Amaridianos

Nesta parte, descreverei algumas questões que surgem com freqüência, fazendo referência aos "pontos decisivos" de cada amaridiano, e apresentarei tipos de comportamento e exercícios que lhe permitirão fortalecer os amaridianos com facilidade. A maioria dos exercícios que se relacionam de modo especial com cada amaridiano encontra-se num capítulo especial, no final desta parte.

Como podemos fortalecer conscientemente determinados amaridianos?

Existem muitas maneiras eficazes para isso. Vejamos as duas mais importantes.

Em primeiro lugar, podemos encarar os amaridianos como correntes de energia e fortalecer de forma direta o fluxo do amor em cada um deles. Para facilitar essa tarefa, empregamos as chamadas "frases da corrente", que você logo irá conhecer.

Em segundo lugar, devemos observar as diferentes qualidades do amor em cada amaridiano e procurar seguir os vários passos de desenvolvimento, da manifestação mínima até a máxima. As frases-chave, já conhecidas por você (página 22), ajudarão bastante. Nelas estão expressas de forma sucinta as qualidades decisivas de cada amaridiano.

No momento em que você lê, ou melhor, pronuncia as frases-chave de um amaridiano com bastante atenção, ocorre alguma coisa muito importante para o nosso objetivo: aquilo que você lê ou diz torna-se palpável. Quando alguma coisa se expande dentro de você, ao concordar com ela, ou se restringe, se você a recusa, ou mesmo se quiser muito alguma coisa, você sente. Isso acontece porque cada pensamento tem sua correspondência energética e sentimental. São diferentes, por exemplo, as sensações que você tem ao pensar em sua comida favorita e ao relembrar o pior momento da última discussão que teve.

Suponhamos, por exemplo, que você concorde com a frase-chave do primeiro amaridiano (Eu me amo assim como eu sou), mas não consiga sentir isso de maneira absoluta. Isso significa que existe uma parte de você que aceita essa qualidade do primeiro amaridiano e outra que tem objeções a ela e volta a impor limites ao seu desenvolvimento ("Não, primeiro preciso modificar isso e aquilo!").

Você perceberá as duas coisas tanto sob o aspecto da energia quanto do sentimento. Se quiser sentir algo mais claramente, volte a atenção para o sentimento impreciso e respire, levando o ar para a região do corpo em que está localizado esse sentimento!

O amor que você sente por si mesmo pode ser tão pequeno que talvez você não consiga nem tomar conhecimento dele: assim mesmo, você vai encontrar dentro de si pelo menos uma parte de você que anseia por isso. Essa parte, de qualquer modo, sabe que você poderia se amar! A parte que talvez esteja triste por você não se amar do jeito que você é sabe do seguinte: você perdeu alguma coisa, uma base, um alimento essencial de sua alma; alguma coisa que é um direito seu, vital, e da qual você sente muita falta.

Portanto, não importa quão pequena ela seja, há uma parte de você que está ligada ao potencial do seu amor-próprio. Uma parte em que essa qualidade do primeiro amaridiano é verdadeira e ativa. Vale a pena fortalecê-la e expandi-la.

Existem também partes de você que você exclui do seu amor-próprio, mantendo-as segregadas. Vale a pena incluí-las, integrá-las. Expansão e integração, como podemos realizar ambas conscientemente?

O passo para a expansão e a integração

1. **Expansão:** preste atenção na dimensão que você pode abarcar com uma determinada frase-chave. Ao inspirar, leve o ar até essa dimensão várias vezes. Assim, a qualidade ressaltada na frase passa a ter mais espaço dentro de você, mais vivacidade, mais alimento energético. O amaridiano correspondente começa a se expandir. Desse modo, você perceberá quais sentimentos e pensamentos você usa como limites para ele.

2. **Integração:** dedique sua atenção a esses pensamentos e sentimentos limitadores. Você deixará de usá-los como limites, à medida que modificar sua atitude interior com relação a eles: em vez de continuar a rejeitá-los, aceite-os e assimile-os. Assim, eles não representarão mais um limite, uma fronteira, você se sentirá bem novamente e a parte de você que pode viver esse amaridiano se ampliará.

O exercício "Fortalecer as frases-chave", na página 170, apresenta explicações mais detalhadas sobre como proceder.

"Não estou sentindo nada"

Por sorte, esse é um ponto no qual não precisamos nos demorar por muito tempo. Todos nós temos sentimentos. Gostaria de dizer apenas duas coisas a esse respeito.

Primeiro: quando alguém diz "Não estou sentindo nada", na maior parte das vezes a "armadilha da expectativa de auto-engano" desempenha um papel importante. Quando essa pessoa se esforça para sentir, olha para dentro de si mesma com uma certa expectativa. Então percebe que essa expectativa não se realizou e desiste, frustrada. É como se lhe tivessem dito: "Veja se ainda há frutas na geladeira." Nesse caso, ela construiria mentalmente uma imagem de maçãs e peras, olharia dentro da geladeira, não encontraria nenhuma e deixaria de ver as outras frutas que estão lá: o abacaxi, os morangos, as cerejas e as framboesas.

Do mesmo modo, ansiamos por um sentimento perceptível ou até mesmo espetacular, enquanto um pequeno toque de mãos, uma recordação agradável ou apenas uma sensação vazia de não querer sentir nada já seriam o ponto de partida. Portanto, tenha em mente que mesmo a menor sensação deve ser considerada como verdadeira; e quanto mais você dedica atenção a ela e a valoriza, mais nítida ela fica.[9]

Segundo: mesmo que fosse verdade que ninguém sente nada, para alguns o "passo para a expansão e a integração" é mais fácil; para outros, muito mais difícil de se realizar. A competência no trato com sentimentos e sensações é uma qualidade que pode ser aprendida e treinada (no Vivation®, por exemplo) até que realizemos todo o seu potencial.

Um exercício que irá ajudá-lo a lidar com os sentimentos mais difíceis e aceitá-los é a "A ponte de pensamentos para a integração", na página 169.

"Não estou enganando a mim mesmo, quando digo as frases?"

Essa é uma boa pergunta! Existem duas respostas possíveis.

Sim — se você repetir as frases mecanicamente ou achar que pode criar alguma coisa que não existe, à medida que as repete o maior número de vezes possível e acredita piamente nelas.

Não, pelo contrário — se você proceder do modo que descrevi acima. Assim você entrará em contato com a energia do amor que existe de fato e também poderá sentir e destruir as fronteiras que limitam o seu amor.

"Posso, então, tratar o milagre do amor de uma maneira tão técnica?"

O amor é um milagre, concordo. A razão nunca é capaz de compreender o que é o amor. Nenhuma técnica, nenhum ato humano consegue fabricar a energia do amor. Entretanto, podemos obstruir, confundir e encher de empecilhos as vias energéticas.

Do mesmo modo, somos capazes de desobstruir, purificar e abrir esses caminhos. Isso exige conhecimento e uma técnica específica, que deve ser bem precisa e acessível.

Quando você desobstrui conscientemente os amaridianos, ao observar com mais atenção, perceberá que não está tratando diretamente com o amor, mas com o seu sistema energético de canais. Deixar de abrir um amaridiano usando uma técnica em respeito ao milagre do amor, é como evitar abrir uma torneira em respeito ao milagre da água. Ao desobstruir os amaridianos, esteja certo de que, se houver algum amor, ele fluirá com mais força. Criá-lo artificialmente é impossível.

Analisemos um pouco melhor esse assunto. Às vezes agimos como se o amor fosse perder sua inocência, sua espontaneidade e beleza, quando iluminamos seu caminho conscientemente.

Eu acho que, nesse caso, estamos confundindo consciência com controle. Pois, diante do olhar perspicaz de nossa instância controladora, a espontaneidade do amor se congela, de fato. Entretanto, aos olhos da nossa consciência, que aceita o fato incondicionalmente, ele acaba por florescer de verdade!

Portanto, não é exatamente o oposto? O amor não ganha em beleza, clareza e oportunidade, se criamos para ele um caminho consciente? Um caminho através de nossa selva interior de desejos e expectativas inconscientes, de sentimentos reprimidos, conseqüências limitadas e confusão? E o que dizer quando um amor acaba porque não estávamos em condições de compreendê-lo conscientemente?

Uma coisa é certa: é impossível não fazer "nada" com os amaridianos, não utilizar nenhuma técnica. A repressão dos sentimentos, a negação do próximo, também são atos humanos; são técnicas — em geral inconscientes — para evitar alguma coisa. Dessa forma, ou você continua agindo com os amaridianos como fez até agora ou experimenta algo de novo. Que tal? (Veja também os exercícios "Os 'antiamaridianos' ", na página 170.)

Depois de dizer tudo isso, farei um comentário geral sobre o fato de nos apaixonarmos pela técnica: o amor é como um recinto em que entramos depois de abrir a porta que dá acesso a ele; o conhecimento dos amaridianos é a chave para essa porta. Eles devem ser empregados com toda a eficácia possível e depois deixados de lado. Quem continuar com a chave na mão depois de ter aberto a porta, em vez de entrar no recinto do amor, não está apaixonado pelo amor, mas pela própria técnica.

A pessoa que busca o amor apenas tendo em mente a maneira como abriu a porta está presa na armadilha de sua obsessão pela técnica. Ela corre o risco de querer reduzir o amor a algo que esteja inteiramente sob seu controle; algo que ela seja capaz de "fazer". Talvez essa pessoa possa cultivar um ego colorido com carinho e experimentar um tipo de amor de matéria plástica; mas sentirá falta do amor real. Quem sabe um dia o verdadeiro amor irrompa por sua janela, para envolvê-la!

"Preciso ter expandido ao máximo um amaridiano para poder deixar meu amor fluir por ele totalmente?"

Não — por sorte, não. Se você estiver querendo fazer seu amor fluir totalmente num amaridiano, há uma coisa mais importante do que a expansão máxima, que eu defino como "esgotamento otimizado" de um amaridiano.

Quando falo no desenvolvimento de um amaridiano, refiro-me aos passos de desenvolvimento da capacidade de amar que desempenham uma função nesse amaridiano. "Expansão máxima" significa o maior grau possível de desenvolvimento de um amaridiano durante uma vida.

"O esgotamento otimizado" de um amaridiano ocorre quando conseguimos atingir o limite máximo do fluxo de amor nesse "leito de rio" energético. Isto é, quando vivemos aquilo que está amadurecido em cada amaridiano *neste momento* e que se encontrar disponível no espaço conquistado.

É possível tecer considerações gerais sobre a expansão máxima de um amaridiano; porém, o esgotamento otimizado é individual. Ele é diferente para cada pessoa, a cada momento.

Assim, a expansão máxima do segundo amaridiano é atingida quando, junto com o amor, conseguimos também dar a liberdade; o esgotamento otimizado pode ser totalmente diferente. Para Maria, talvez seja importante ir do passo "Eu o amo — você é a fonte do meu amor" para "Eu lhe dou o meu amor da minha própria fonte". Para Hans-Peter, a atitude principal é apoiar sua companheira para que ela possa crescer.

Mesmo que você esteja muito distante da expansão máxima de um amaridiano, pode viver a qualquer momento o esgotamento otimizado!

Enquanto o amor conduz os amaridianos por meio de um longo processo de amadurecimento até a expansão máxima, a todo momento ele se esforça para esgotar de maneira otimizada todas as possibilidades para fluir. O amor preenche os espaços existentes, antes de dar novos passos rumo ao desenvolvimento.

Se você não conseguiu esgotar totalmente um amaridiano, é porque ainda rejeita determinadas partes de você. Dessa forma, o amor não é capaz de fluir inteiramente. Ele fica bloqueado, estagnado, e acaba morrendo.

Caso você viva o esgotamento otimizado de um amaridiano, o "canal", o "leito do rio", estará livre para o amor fluir sem freios nesse amaridiano.

Talvez você sinta um anseio impreciso, gerado por algumas coisas que correspondem à expansão máxima, mas que no momento não estão disponíveis como um passo de desenvolvimento. Por outro lado, você sentirá a parte que resta para você conseguir viver o esgotamento otimizado como um abismo, como uma dissonância dolorosa, mas, ao mesmo tempo, como um impulso para o crescimento.

Com um pouco de habilidade no trato com os sentimentos, você conseguirá facilmente conduzir um amaridiano ao esgotamento otimizado. Falarei sobre isso a seguir, em "O trabalho com os amaridianos", logo depois das frases da corrente.

Na parte de você que não atingiu o esgotamento otimizado, onde ainda há espaço a ser conquistado num amaridiano, o amor fluirá com facilidade e ímpeto. Mas a parte já desenvolvida nesse espaço e que você não aceita será sentida como rejeitada. Aceitar esses sentimentos e assumi-los significa ganhar terreno para o amaridiano correspondente, conduzindo-o ao esgotamento otimizado.

Um exemplo: você pressente que poderia se expandir muito mais em seu "fazer parte do Todo" no primeiro amaridiano. Mas isso não é o mais importante nesse momento, pois antes é preciso que você conquiste um espaço no primeiro amaridiano, que exige urgência em ser vivido: que você se ame assim como é — sem rejeitar nenhuma de suas partes.

Se você se mantiver aquém desse passo para a expansão, se continuar por muito tempo rejeitando partes de você, sentirá uma dolorosa insatisfação e uma urgente necessidade de integração.

Aceitar os sentimentos reprimidos ajudará você a recuperar o espaço disponível no primeiro amaridiano, de modo que o fluxo energético do amor possa esgotar de maneira otimizada o espaço que acabou de se criar, o "leito do rio" que acabou de tomar forma.

As frases da corrente

Enquanto as frases-chave contêm todos os passos de desenvolvimento possíveis até a expansão máxima, as frases da corrente expressam de forma bastante individual aquilo que podemos sentir no momento, sem objeções. Desse modo, você formula da melhor maneira o que tem a ver com você mesmo!

Enquanto para o desenvolvimento de cada amaridiano há várias frases-chave disponíveis, você precisa de apenas uma frase da corrente por amaridiano.

As frases-chave de um amaridiano o expandem até seu desenvolvimento máximo; a frase da corrente nos ajuda a esgotá-lo de maneira otimizada. Ela sustenta a corrente de energia e quase a impulsiona.

As frases-chave referem-se diretamente à maneira e à direção da corrente de energia. Quando pensamos numa frase da corrente ou a pronunciamos, despertamos o amaridiano correspondente. À medida que imaginamos seu movimento energético, o amor começa a fluir e a preencher o espaço disponível. Existem pessoas que conseguem fazer o amor fluir num amaridiano simplesmente voltando a consciência e a intenção para ele.

Devemos proceder com as frases da corrente da mesma forma que procedemos com as frases-chave. Com o passo para a expansão e a integração, fortalecemos a corrente e integramos aquilo que se opõe a ela.

No resumo seguinte, apresento, como exemplo, duas frases da corrente por amaridiano. Com isso eu gostaria de incentivá-lo a formular suas próprias frases da corrente.

Uma sugestão seria ler uma das frases da corrente propostas. Feche os olhos e imagine o fluxo energético dentro de você. Se você respirar ao mesmo tempo, isso ajudará! Nesse momento, você não deve sentir nenhum grande fluxo de energia. Primeiro precisa visualizar a maneira e a direção, o movimento energético desse amaridiano. Pronuncie a frase da corrente, respire e imagine, até que consiga sentir mais ou menos o amaridiano. Então sustente esse movimento energético com a respiração, de modo que ele se torne mais forte e você possa encontrar suas próprias palavras para ele.

Se quiser, use os exemplos como estímulo. Há mais uma coisa a ser lembrada: as frases da corrente têm que ser capazes de descrever a qualquer momento o movimento energético do amaridiano em questão e fazê-lo fluir. Frases que descrevam os raros pontos culminantes de suas experiências às vezes podem atrapalhar.

"Quando imagino a direção da corrente, não consigo sentir nada"

Com um pouco de paciência e boa vontade, qualquer um é capaz de ter acesso aos amaridianos. Depois, basta fazer os exercícios. Eis uma proposta que você pode pôr em prática:

As frases-chave dos seis amaridianos

Aceitação do amor	*Doar-se*	*Receber*	*Encontro*	*Fusão*	*Doação conjunta*
Primeiro exemplo: "*Eu capto energia da minha própria fonte de amor, envolvo e ilumino todas as partes de mim com ela e faço-a fluir por todas elas.* Alimento-me e *me farto até transbordar de amor!*"	Primeiro exemplo: "*Eu capto o amor da minha própria fonte e faço-o fluir até você!*"	Primeiro exemplo: "Estou totalmente *receptivo à corrente do seu amor.*"	Primeiro exemplo: "*Dou atenção e carinho a você, para aceitá-lo com suas peculiaridades:* o *milagre de um mundo semelhante, embora totalmente diferente.*"	Primeiro exemplo: "*Eu me abro à união que já temos, confio-me ao fluxo de energia, até que vibremos num mesmo ritmo.* Eu *fluo e me torno* totalmente *receptivo!*"	Primeiro exemplo: "Unimos nossos corações, recebemos *da fonte comum e damos aos outros* (...) *nosso amor* comum."
Segundo exemplo: "*Abro-me para o amor universal, deixo-o fluir por todas as minhas partes, até que eu transborde de realização!*"	Segundo exemplo: "Meu coração se *abre para que o amor flua cada vez mais em sua direção.*"	Segundo exemplo: "*Abro-me totalmente e recebo o seu amor!*"	Segundo exemplo: "Carinhoso e *atento, aceito você com sua existência própria, suas características dignas de amor; você, que é outro milagre da mesma* Existência!"	Segundo exemplo: "Eu *me sinto unido por inteiro e próximo a você, tão próximo que nossos limites se fundem.* Eu *me entrego de forma total à energia da fusão e me unifico com você e com a* Existência!"	Segundo exemplo: "Unimos nossos *corações, e dessa grande fonte flui nosso amor comum pelos outros.*"
Minha *própria frase:*	Minha *própria frase:*	Minha *própria frase:*	Minha *própria frase:*	Minha *própria frase:*	Minha *própria frase:*

Suponhamos que você queira sentir o segundo amaridiano e não consiga nada com a frase "Eu faço meu amor fluir na sua direção".

Pense na última vez em que você expressou seu amor, acariciou a pessoa amada ou se manteve em silêncio, sentindo o coração dela. Você a ajudou a arrumar a casa, deu-lhe flores, comprou-lhe um presente? Escreveu-lhe uma carta? Se você se lembrar de uma situação dessas, siga os seguintes passos:

1. Pense nessa situação e sinta qual é a sensação de oferecer o seu amor.
2. Respire suavemente na direção em que você sente a corrente de amor.
3. Agora permaneça com o sentimento de amor e se despeça em espírito da situação.
4. Inspire para dar espaço e alimento energético ao sentimento e expire para fazer fluir o amor.
5. Encontre uma frase da corrente adequada para esse fluxo.
6. Quando você tiver dificuldade em formular uma frase, procure, enquanto não vem a idéia, um som, um gesto ou um símbolo.

O trabalho com os amaridianos

O "trabalho com os amaridianos" engloba a passagem pelos seis amaridianos e o fortalecimento deles por meio da expansão e da integração. Existem duas maneiras de se fazer isso: uma é usar apenas as frases da corrente — o que chamamos de pequeno trabalho com os amaridianos; outra é pronunciar também as frases-chave — trata-se do grande trabalho com os amaridianos.

Naturalmente, podemos cuidar de cada amaridiano isoladamente. O primeiro amaridiano, sobretudo, exige trabalho diário e atenção constante para se abrir e se fortalecer. No entanto, também é muito bom cuidarmos dos outros amaridianos como um todo. O exemplo seguinte mostra uma possibilidade.

O pequeno trabalho com os amaridianos

Simone e Dietrich reservaram vinte minutos para o pequeno trabalho com os amaridianos. Sentam-se frente a frente e deixam este livro ao alcance da mão. Às vezes, eles usam um cronômetro ou um relógio de cozinha para marcar o tempo.

O primeiro amaridiano: Simone pronuncia sua frase da corrente e sustenta com a respiração o movimento energético da aceitação do amor. Ela sente em que medida o primeiro amaridiano flui e, com a respiração, dá a esse fluxo espaço e alimento energético.

Quando sente que há partes dela que estão segregadas, ela oferece seu amor e sua aceitação. Durante dois minutos, ela repete algumas vezes sua frase da corrente, até conseguir sentir nitidamente o primeiro amaridiano.

Enquanto isso, Dietrich fica atento para perceber o que as frases de Simone provocam nele. Ele pronuncia mentalmente sua frase da corrente, respira e procede do mesmo modo que Simone.

Então os papéis se invertem, e Dietrich diz em voz alta sua frase da corrente para o primeiro amaridiano.

Para o *segundo amaridiano*, Simone lê sua frase da corrente, enquanto Dietrich se limita a receber. Depois eles alternam: Dietrich fala em voz alta o segundo amaridiano, enquanto Simone recebe.

Quanto ao *terceiro amaridiano*, eles procedem assim: Simone pronuncia o terceiro amaridiano, enquanto Dietrich vai para o segundo, e vice-versa. Com o *quarto*, o *quinto* e o *sexto* amaridianos, o processo ocorre de novo em paralelo: um dos parceiros enuncia o amaridiano, ambos sentem, respiram, purificam e abrem o amaridiano. Depois de inverterem os papéis mais uma vez, eles continuam o exercício, passando para o amaridiano seguinte.

O grande trabalho com os amaridianos

Simone e Dietrich reservaram, dessa vez, mais de uma hora para realizar o grande trabalho com os amaridianos. Eles sentam-se frente a frente e deixam este livro à mão.

O primeiro amaridiano: Simone pronuncia sua frase da corrente e sustenta com a respiração o movimento energético da aceitação do amor. Então lê uma a uma as frases-chave. Respira profundamente e sente, a cada frase, em que medida o primeiro amaridiano está desenvolvido e flui livremente. Ela inspira, “absorve” essa dimensão. Se ao pronunciar uma das frases algo parece bloqueado, ela se volta inteiramente para o sentimento, respira de um jeito que combine com o sentimento e o aceita.

Quando, depois de alguns momentos, tudo estiver mais “harmônico e completo”, ela pode ler de novo a frase e seguir adiante. E, por fim, reforça o amaridiano mais uma vez com sua frase da corrente.

Enquanto isso, Dietrich também respira profundamente, sente o que as frases liberam nele e age do mesmo modo que Simone. Quando ela se sente preparada para seguir adiante, mas Dietrich ainda quer sentir por mais um momento, ele ergue a mão, Simone espera, pronuncia outra vez a última frase e só segue adiante quando ele acena que está pronto.

Depois eles trocam de papel e Dietrich lê o primeiro amaridiano.

Para o *segundo amaridiano*, Simone lê as frases, enquanto Dietrich se empenha em receber. Depois os dois trocam: Dietrich pronuncia o segundo amaridiano, enquanto Simone se esforça por receber.

Quanto ao *terceiro amaridiano*: Simone lê as frases desse amaridiano, enquanto Dietrich vai para o segundo, e vice-versa. Com o *quarto*, o *quinto* e o *sexto* amaridianos, o procedimento ocorre outra vez em paralelo: um dos parceiros diz o amaridiano, ambos sentem, respiram, purificam e abrem o amaridiano. Depois de inverter os papéis mais uma vez eles prosseguem para o amaridiano seguinte.

Às vezes, há tantas objeções com relação a uma frase-chave, que mal se percebe até que ponto ela é verdadeira. Então é recomendável manifestar essas objeções. Virar a cabeça para o lado fortalece o efeito de purificação.

Por exemplo, Dietrich diz: “Ofereço a você o meu amor”, respira profundamente, depois vira a cabeça para a esquerda e manifesta a objeção: “Não, é melhor eu não dar, senão não vai sobrar nada para mim!” Dessa maneira, ele alimenta e assimila a qualidade dessa frase-chave dentro de si e deixa de lado a objeção. Então repete esse processo com a mesma frase-chave, tanto quanto for necessário, até que não surja mais nenhuma objeção. Veja o capítulo “Fortalecer as frases-chave” na parte dedicada aos exercícios (página 170).

O trabalho com os amaridianos é uma boa maneira de fortalecê-los. Por meio dessa prática, também podemos saber, antes de entrar em crise, em que ponto é preciso reforçar um amaridiano. Nesse sentido, trata-se também de uma espécie de inventário. Quando, durante um “inventário” desse tipo, não for possível dizer sinceramente "Eu amo você", isso não quer dizer que o amor tenha acabado, mas apenas que esse amaridiano está obstruído ou precisa de atenção.

Recomendo que você faça o pequeno trabalho com os amaridianos regularmente, e não apenas em momentos de crise.

Caso já estejamos bem próximos de uma crise ou bem no meio dela, muitas vezes é mais fácil esclarecer com o parceiro as discordâncias mais evidentes e depois recomeçar o trabalho com os amaridianos.

Quanto mais nos dedicarmos a esse trabalho, mais precisa, exata e profundamente ele funcionará. Se um amaridiano tiver se tornado claro e forte o suficiente, bastará nos lembrarmos dele para que comece a fluir.

Se você não conseguir se dedicar a esse trabalho com os amaridianos de maneira satisfatória, sugiro que pratique os exercícios desenvolvidos especialmente para cada um. Eles favorecem um procedimento objetivo e indispensável.

Embora o trabalho com os amaridianos deva ser feito diariamente, talvez você pretenda realizá-lo em intervalos mais longos. Por isso eu gostaria de lhe recomendar que fortaleça pelo menos o primeiro amaridiano, durante algum tempo, todos os dias. A partir da página 171, são apresentados exercícios adequados para esse fim. Os procedimentos seguintes oferecem uma outra possibilidade.

Como nos prover de amor
"A abertura da fonte"

O *primeiro passo*: pense numa situação ou numa pessoa que lhe inspire amor. Pode ser também a lembrança de um ser superior que lhe desperte esse sentimento. O importante é que você sinta alguma coisa enquanto faz isso, mesmo que não seja algo muito intenso.

O *segundo passo*: inspire o amor, de modo que ele se torne claramente perceptível e receba espaço e alimento.

O *terceiro passo*: para atingir o objetivo deste exercício, você precisa desvincular o amor da imagem da pessoa que o despertou. Trata-se do seu amor, que está fluindo da sua própria fonte, mesmo que tenha sido evocado por um outro ser. Volte toda a atenção ao sentimento do amor e despeça-se, agradecido, da pessoa que o provocou em você.

O *quarto passo*: inspire o sentimento do amor, de modo que ele consiga se ampliar. Enquanto concentra toda a sua atenção no sentimento, procure um símbolo que represente seu amor. Pode ser um símbolo geométrico, como um coração num círculo, ou então uma situação, como, por exemplo, uma paisagem impregnada do milagre da criação. Enquanto você sente e respira o sentimento do amor, deixe que o símbolo surja por si só e se torne cada vez mais nítido.

O *quinto passo*: enquanto você aguarda o símbolo do amor se tornar cada vez mais nítido, inspire o amor devagar e profundamente, deixe que ele preencha você até transbordar, alimentar e purificar todas as partes do seu corpo.

Agora você tem esse símbolo para realizar a sua própria ligação com a fonte do amor. Portanto, daqui para a frente, você pode se abastecer de amor sem precisar vinculá-lo à imagem de uma pessoa. Para fazer o exercício, é possível começar já no quinto passo. De vez em quando, se você quiser, revigore o símbolo, seguindo mais uma vez todo o processo, desde o primeiro passo. Se dessa vez você partir de uma outra pessoa ou de um outro ser, pode cunhar seu símbolo com as diversas nuanças do seu amor. Às vezes também surge um novo símbolo.

Se durante esse exercício você sentir primeiro um sentimento de tristeza, não se esqueça: foi o amor que o levou a sentir essa dor. Ele está pronto para curá-la. Abrace, envolva com amor a parte que se mostra triste. Às vezes surgem também aflição e dor, pois você negou por muito tempo seu amor-próprio, esse alimento essencial da alma. Sinta essa dor em toda a sua extensão. Você acabará percebendo que uma parte de você precisa ser ampliada e fortalecida.

Se, depois de algumas tentativas, você conseguir fazer esse exercício sem problemas, seria bom que o repetisse diariamente, como se estivesse exercitando um músculo que você deixou de usar por um longo tempo. Depois de se habituar a fazer treinos diários, ele ficará forte e flexível. E isso é o mesmo que ocorre quando você passa um grande período sem usar seu próprio caminho para a fonte. Provavelmente ele está coberto por muitos sentimentos rejeitados e precisa receber durante um certo tempo um "jato de amor" e de emoções, até que a fonte consiga fluir livremente.

Mas então você já será capaz de se abastecer de amor em muitas situações da vida cotidiana. No ônibus, a caminho do trabalho, na sala de espera de um médico, no toalete, etc. Depois de um tempo talvez lhe seja possível também fechar os olhos, despertar a força do símbolo e abrir a passagem para a fonte de amor.

Festejar o relacionamento, declarar-se partidário da união recíproca

O casamento é um dos caminhos possíveis para consagrarmos o amor ou um relacionamento de modo ritualístico.

O casamento tem alguns aspectos relacionados com convenções e regras religiosas, sociais e públicas. Porém, eu gostaria de falar de uma coisa diferente: o casamento pode satisfazer também uma necessidade elementar: a de reconhecer nosso amor e demonstrá-lo; de fortalecer, com o efeito do ritual, nossa decisão pelo relacionamento.

Por que não satisfazemos esse desejo mais freqüentemente? Por que não celebramos nosso relacionamento do modo como se faz no casamento e nas bodas de prata e de ouro?

Podemos comemorar os amaridianos por ocasião do aniversário de nosso casamento ou do começo de um relacionamento. Uma comemoração assim pode ser feita a dois, mas é possível convidar também os amigos e parentes. Declarar-se à pessoa amada diante de um grande grupo de amigos, e portanto ao público, tem uma qualidade e uma força especiais. Cada casal deve criar seu próprio ritual.

Seguem-se minhas propostas:

A festa dos amaridianos

Em primeiro lugar, festejamos — quase retrospectivamente — o sentimento que cresceu até o momento e assim o consolidamos. É possível fazer isso usando expressões pelas quais possamos nos comunicar de maneira espontânea.

Por exemplo:

"Uma coisa pela qual sou grato a você é..."

"Uma coisa que eu aprovo em você é..."

Isso pode acontecer em forma de gestos, movimentos ou ações que expressem ou acentuem o agradecimento ou o reconhecimento.

Em seguida, reforçamos de modo ritualístico os seis amaridianos.

Por exemplo:

Começa-se com cada parceiro repetindo a frase do primeiro amaridiano. Assim, oferece-se também, junto com a frase da corrente, as frases-chave já vividas em grande parte. O companheiro, então, manifesta sua disposição para respeitar o espaço do primeiro amaridiano e protegê-lo.

Por exemplo:

1. Christiane senta-se, coloca uma vela à sua frente, acende-a e fecha os olhos. Andreas anda em círculo em torno dela, sinalizando o círculo com giz ou com o movimento das mãos. Depois coloca no círculo de Christiane uma vela perfumada ou um pequeno presente e se afasta.

1a) Christiane recita então o primeiro amaridiano, acompanhando-o com os gestos e movimentos correspondentes. Procura captar alguma coisa mais e em seguida se afasta.
Andreas senta-se próximo ao círculo de Christiane e começa com o passo nº 1, enquanto Christiane anda em círculo em torno dele.

1b) Depois cada um se coloca dentro do seu próprio círculo (eles devem ser próximos) e juntos passam para o primeiro amaridiano: ficam de olhos fechados e pronunciam uma versão comum do primeiro amaridiano. Ao mesmo tempo expressam-se com os movimentos e gestos correspondentes.

2. Christiane fecha os olhos e passa mentalmente para o terceiro amaridiano. Andreas anda em torno dela e pronuncia o segundo amaridiano, acompanhado dos movimentos correspondentes.

2a) Então ele fica parado diante de Christiane e realiza em silêncio um gesto ou um movimento que expresse para ele, nesse momento, o segundo amaridiano. Enquanto isso, Christiane pronuncia de olhos fechados o terceiro amaridiano.

3. Trocando os papéis, eles voltam ao passo nº 2.

4. Christiane e Andreas vão um na direção do outro, permanecem a uma certa distância e recitam alternadamente o quarto amaridiano.

4a) Eles se aproximam mais, tocam-se com as palmas das mãos (os dedos para cima) e pronunciam juntos o quarto amaridiano.

4b) Eles se olham nos olhos e sentem energeticamente a atenção mútua potencializada do reconhecimento. O "Contato visual

Vivation®" ajuda a fortalecer esse efeito. Eventualmente, podemos inserir aqui comentários com os quais nós aceitamos, a princípio, um aspecto de discórdia do quarto amaridiano ("Uma coisa em você que difere de mim é... e é isso que quero aceitar mais e aproveitar"), para então fortalecer os aspectos que mais os aproximam ("Uma coisa que temos em comum e que eu gosto é..."). A seqüência inversa também é possível.

5. Christiane e Andreas se abraçam e recitam, um depois do outro, o quinto amaridiano. Seria muito bonito também dizer uma versão comum do quinto amaridiano.
   Seguem-se alguns instantes de respiração conjunta e de comunhão.
6. Ambos se afastam, abrem os braços, dirigem-se aos presentes e recitam uma versão comum do sexto amaridiano.

Para finalizar, o casal pode consolidar sua base e de lá olhar para o futuro. Por exemplo, dizendo um para o outro: "Reconheço meu amor por você. Quero cuidar do nosso relacionamento e aceitar todos os sentimentos que advirem dele, como uma oportunidade de integração e de crescimento."

Depois ambos dizem juntos algumas frases do tipo: "Uma coisa que eu quero de você no futuro é..."

Alguns comentários:

Eu gostaria de enfatizar aqui que uma festa ou um ritual desse tipo só tem efeito se o sentimos interiormente. Todos os passos concretos que mencionei não são mais do que um pontapé inicial para a procura e a escolha da forma adequada.

Quando realizamos o ritual em público, é importante determinar com antecedência os limites da intimidade de cada um. Caso contrário, pode acontecer que, durante as comunicações, desrespeitemos, sem querer, os limites da intimidade do outro.

Num ritual desse tipo, às vezes afloram sentimentos reprimidos e pensamentos limitadores com relação ao reconhecimento público do nosso amor, à decisão de nos entregarmos ao amor, de nos dedicarmos aos cuidados com o relacionamento, etc. É bom que isso aconteça! Assim poderemos aproveitar a oportunidade para assumir esses sentimentos e esclarecer nossos pensamentos. O relacionamento ganhará em proximidade, profundidade e clareza.

Quando sentimentos fortes de rejeição nos impedem de expressar um amaridiano em toda a sua dimensão, é importante empregarmos apenas as frases-chave que conseguimos dizer com sinceridade. Por exemplo, restringimos a expressão do segundo amaridiano a "Eu o amo assim como você é", acrescentando ao ritual a frase "Eu o amo como uma pessoa livre" apenas quando pudermos sentir isso também energeticamente.

O ritual deve — pelo menos em essência — expressar e consolidar as qualidades em comum e não conduzir a um terreno ainda desconhecido.

Movimentos e gestos ritualísticos, cujo significado sentimos interiormente, têm a capacidade de imprimir às palavras uma força enorme. Podemos usar formas já existentes, desde que elas estejam de acordo com o espírito dos seis amaridianos. E também ser criativos.

Alguns exemplos:

- Jogamos uma "chuva" de arroz um no outro. Como sinal de nosso desejo de nos dar, como símbolo da semeadura que ocorrerá.
- Podemos dar ao nosso companheiro um ramalhete de rosas ou um outro vaso de flores. Ao entregar, devemos regar a planta ou as flores e acariciar as folhas. Fica muito bonito quando nos encarregamos de cuidar da planta e às vezes penduramos algumas mensagens nela.
- Lavamos os pés do companheiro e os massageamos com óleo; no fim, passamos um pouco de óleo etérico na testa dele.
- Oferecemos um ao outro um cálice de água ou de outra bebida qualquer, que depois erguemos à nossa frente e bebemos juntos enquanto nos olhamos nos olhos.
- Resgatar os tesouros da cultura dos povos e da própria fantasia é um procedimento que não conhece limites.

Sugestões de Procedimento

... quando queremos aprofundar e enriquecer ainda mais um relacionamento satisfatório

Thorsten e Karin estão juntos há quatro anos. Quem convive com eles sente a união invisível, a harmonia entre eles. Mesmo durante uma discussão eles se tratam com carinho, e percebe-se uma espécie de aura de luz envolvendo os dois.

Há duas semanas, Thorsten me contou o seguinte: "Estamos de fato felizes juntos, e isso já há tanto tempo, que às vezes me pergunto se não há nada de errado!" Hoje, foi Karin quem me telefonou, contando sobre algumas brigas incompreensíveis, nas quais não houve meio de entrarem em nenhum tipo de acordo. Ambos sentem-se a quilômetros de distância um do outro e não conseguem encontrar o caminho de volta. Fizemos então uma sessão de amaridianos.

O resultado surpreendeu a todos nós:

Nenhuma ofensa inconsciente, nenhum mal-entendido ou coisa do gênero havia conduzido o amor à estagnação. Muito pelo contrário: eles estavam felizes demais um com o outro, era fácil demais! Por um lado, sem que percebessem, haviam chegado aos limites de sua tolerância de prazer. E por outro, ambos sentiam o seguinte: "Se isso continuar assim, vou acabar sendo escravo do amor!" O quinto amaridiano deles, a capacidade de se dedicar à união, estava precisando de reforço.

Esse exemplo mostra, entre outras coisas, que, mesmo quando estamos bastante satisfeitos, felizes num relacionamento, vale a pena consolidar o que já cresceu e sustentar o desenvolvimento que ainda está por vir. Gostaria que você percebesse bem isso, pois não há longas calmarias num relacionamento, a não ser que ele esteja morto. O pensamento "Somos tão felizes, que mais é impossível!" já é uma limitação à expansão, que, como ficou evidente no caso de Thorsten e Karin, pode conduzir a uma crise.

Com o tempo, a idéia de que "tudo está claro entre nós, não temos problemas, não precisamos cuidar dos amaridianos" pode acabar oprimindo o relacionamento.

Não precisamos necessariamente esperar até entrarmos em crise para fazer alguma coisa pelo relacionamento, não é?

Seguem-se algumas sugestões para o procedimento básico:

A princípio, é fundamental que consolidemos o que conseguimos até o momento. Um passo importante para isso é que nos deixemos comover pelo presente do amor e da realização bem lá no fundo de nosso ser, que nos tornemos totalmente receptivos para os sentimentos de satisfação, realização e gratidão. Quando percebemos a existência de sentimentos e pensamentos limitadores de certas partes de nós que "não conseguem receber tanta felicidade", que "têm medo de se anular devido a ela" ou coisa parecida, devemos reintegrar essas partes, antes que elas desencadeiem uma crise.

Um exercício oral para consolidar o que conseguimos pode começar com as seguintes frases: "Uma coisa pela qual sou grato a você é..." e "Uma coisa que reconheço em você é..." Outra possibilidade, mais detalhada e mais significativa, encontra-se na parte "A festa dos amaridianos", que descrevi na página 99.

Depois que consolidamos o que conseguimos, é interessante reforçar o crescimento ulterior de nosso relacionamento, revendo os seis amaridianos e avaliando qual deles precisa de fortalecimento. Em outras palavras, devemos nos dedicar ao trabalho com os amaridianos.

Uma boa idéia também é averiguar nossa disponibilidade de receber, visando a realização completa no amor, ao limite máximo. (Veja o exercício "Disponibilidade de receber".) Isso ajuda a aumentar nossa tolerância de prazer e a abrir espaço para o desenvolvimento ulterior.

Resumindo, os passos são os seguintes:

• A festa dos amaridianos, página 99 • O trabalho com os amaridianos, página 94 • Disponibilidade para receber, página 176.

... quando queremos harmonizar um relacionamento em crise

Quando Olaf e Ruth vieram me procurar para uma reunião de casais, já estavam em dificuldade havia um bom tempo. Ao falarem, era perceptível o tom irritado, a rapidez com que começavam a se agredir e a se acusar. Como em geral acontece nas crises de relacionamento, o quarto amaridiano precisava urgentemente de fortalecimento. Em primeiro lugar, fizemos o Exercício para purificar a energia dos casais. E, mais uma vez, confirmou-se a enorme eficácia desse exercício.

Eu gostaria de sugerir esse Exercício para purificar a energia dos casais como o primeiro passo e nas ocasiões em que sentirmos a aproximação de uma crise. Durante o exercício, quando se verifica que desentendimentos de longa data afastam o casal, recomendo, com urgência, o exercício para a dissolução do ressentimento. Se mesmo assim não ocorrer uma mudança básica, é aconselhável procurar o que está causando a dor.

"A linguagem do amor", "Os três passos para permanecer no fluxo de amor", "Fortalecer o fluxo de amor recíproco" e "O trabalho com os amaridianos" são indicados, em seguida, para que o casal aprenda o necessário a partir da crise, a fim de reencontrar o caminho para o amor e para o parceiro, conservando a própria liberdade.

O quinto amaridiano num relacionamento em crise

Quando o quarto amaridiano está bloqueado, assim como o fluxo de amor recíproco, muitas vezes a união e a fusão também deixam de acontecer espontaneamente. Se isso ocorrer de fato — e então se torna mais urgente purificar o quarto amaridiano e ativar o segundo e o terceiro —, podemos sobrecarregar unilateralmente o relacionamento.

Há ocasiões em que fazemos confusão com os amaridianos, partindo da idéia de que "primeiro é preciso eliminar todas as diferenças entre o casal, antes de poder empreender uma união com o outro". Em outras palavras, primeiro preciso purificar totalmente o quarto amaridiano, antes de se abrir para o quinto. Embora ao purificar o quarto amaridiano favoreçamos o fluxo de amor no quinto, este não é totalmente dependente do quarto.

O quarto amaridiano tem que ver com as diferenças de personalidade; o quinto, não. Neste, dissolvemos nossa personalidade limitada, superando-a. O quinto amaridiano é transpessoal. Quando o quarto amaridiano fica paralisado, em geral é devido a estruturas de nossa personalidade que surgiram no passado e que entram em atrito. A união e a fusão, entretanto, ocorrem sempre no momento, no presente. O quinto amaridiano não se interessa por nossas personalidades trazidas do passado.

Quando, em situações de crise, purificamos e trabalhamos apenas o quarto amaridiano, em detrimento do quinto, o relacionamento começa a pender. Ele se desequilibra. O pulso, o ritmo entre encontro e fusão, entre o quarto e o quinto amaridianos deixa de existir.

Também em épocas de crise, quando muitas vezes empacamos no quarto amaridiano e entramos em atrito com nossas velhas estruturas, podemos mergulhar num plano intocado do presente. Assim conseguiremos desfrutar, em certa medida, uma união no quinto amaridiano mesmo em momentos de crise.

"Mas quando estou me sentindo fracassado, não sou capaz de me fundir com ninguém!"

Enquanto ainda insistimos em ver o outro como um inimigo, é imprescindível liberar o quarto amaridiano. Porém, ao mesmo tempo, é preciso também dar assistência ao quinto amaridiano. Então, com um mínimo de união e um pouco de boa vontade ou disponibilidade para nos expandirmos, conseguiremos recomeçar a viver e aprofundar a união.

Para um casal, isso pode significar ouvir juntos uma certa música; para outro, praticar e desfrutar os exercícios do quinto amaridiano. Para um outro, ainda — depois de terem-se harmonizado no quinto amaridiano —, deixar-se conduzir com carinho, erotismo e sensualidade à união e à fusão.

No entanto, é fundamental que isso aconteça numa atmosfera de grande respeito — em que ninguém ultrapasse os limites momentâneos do outro e não ocorra nenhum fingimento. Devemos respeitar também aquele que manifestar com lágrimas seu anseio por união, até então reprimido.

Quando, ao festejar uma união desse tipo, percebemos velhas limitações que estão sob a responsabilidade do quarto amaridiano, há duas possibilidades.

Primeira: ambos nos lançamos no quarto amaridiano. Dirigimos atenção e carinho ao companheiro, aceitando-o, e purificamos o quarto amaridiano pelo tempo necessário para que o problema em questão se resolva e a energia flua novamente no quinto amaridiano.

Segunda: saudamos rapidamente a antiga limitação. Depois nós a deixamos de lado para em seguida ampliar de novo o quinto amaridiano; esse assunto será tratado com detalhes mais adiante.

Em ambos os casos, é importante que não reprimamos nada e que aquele que mais precisa de proteção determine o andamento, o ritmo e o tipo de procedimento.

Resumindo, os passos são os seguintes:

• Fortalecer o quarto amaridiano com: Exercício para purificar a energia dos casais, página 180; eventualmente, Exercício para a dissolução do ressentimento, página 184. Tortura em cadeia, página 138. • "A linguagem do amor", página 167. "Os três passos para permanecer no fluxo de amor", página 108. "O fortalecimento da corrente mútua de amor", página 110. • O trabalho com os amaridianos, página 94.

... quando queremos nos abrir para um novo relacionamento

O que faz uma pessoa que não tem um companheiro e anseia por conseguir um? Existem algumas possibilidades.

Uma delas é esperar pacientemente: "Ele virá com o tempo", "Não há nada que eu possa fazer a não ser esperar".

Outra é partir para a busca um tanto compulsiva — em bares, danceterias e restaurantes, em anúncios, em festas de solteiros ou por meio de agências mediadoras.

Além da espera paciente e da busca frenética, há um terceiro caminho, mais agradável e com mais chance de dar certo! Vamos exemplificar com a história de Peter.

Durante algum tempo, Peter freqüentou, todo esperançoso, festas e até mesmo danceterias, embora as achasse muito barulhentas. Como ocorre com outras pessoas, ele também esperou que algo acontecesse; como muita gente, fingiu que não estava nem um pouco interessado.

A frustração se manifestava de diversas formas: ele sentia vontade de ir embora depois de se chatear mais uma vez; às vezes ficava arrependido: "Na verdade, eu a achei maravilhosa; por que não demonstrei isso?"; ou então convivia com um sentimento insípido de vazio, depois de ter uma relação passageira que durava apenas uma noite.

Se analisarmos a situação dele com base no primeiro amaridiano, veremos que seu comportamento refletia os seguintes pensamentos: "Na verdade, nem eu mesmo me suporto! Como uma mulher pode gostar de mim?" "Será que sinto prazer em estar comigo mesmo? Eu consigo relaxar estando sem companhia? Droga! Quero uma companheira porque não agüento mais ficar sozinho com a minha televisão!"

Portanto, Peter levou um tempo para fortalecer o primeiro amaridiano. E sua "situação de solteiro" não era a oportunidade ideal para ele cultivar seu relacionamento consigo mesmo. Poder alimentar-se e encher-se de amor com o primeiro amaridiano foi uma experiência nova, bastante agradável e libertadora para ele.

O próximo passo era elevar para 100% sua disponibilidade de iniciar um relacionamento novo e satisfatório. Depois do exercício para aumentar a disponibilidade de recepção, ele me contou: "Uma parte de mim (80%) queria incondicionalmente uma namorada, mas outra (20%) tinha medo de perder a liberdade. Além do mais, eu fiquei com tanta raiva da minha última namorada! Acabei me sentindo muito travado e pequeno junto dela. E isso aconteceu em quase todos os meus relacionamentos!"

Ele fez uma purificação da energia do casal com sua última namorada e se libertou da raiva que sentia de todas as mulheres que o haviam dominado. Então sua disponibilidade para iniciar um novo relacionamento se completou, e ao mesmo tempo ele passou a se sentir bem quando estava sozinho. Em vez de ir a danceterias, ele começou a freqüentar um clube de vôlei e — é bom demais para não ser verdade! — encontrou lá sua atual namorada. "Depois que a vi pela primeira vez, comecei imediatamente a fortalecer os seis amaridianos em mim — o resto foi tão fácil!"

Existe ainda uma vantagem importante nessa busca de um companheiro "de dentro para fora": se, antes de um novo relacionamento, liberarmos em nós o espaço interior reservado para isso, não repetiremos com o novo parceiro as mesmas experiências.

Resumindo, os passos são os seguintes:

• Fortalecer o primeiro amaridiano, página 171. • Purificação de energia em relacionamentos anteriores, página 181. • Exercício de disponibilidade para receber, página 177. • Relacionar-se com um círculo de pessoas que lhe dêem prazer. • Se algo começar a incomodar, fortalecer os seis amaridianos (principalmente os cinco primeiros).

Dar e receber

Os "três passos para permanecer no fluxo de amor"

Na página 75, descrevi como nós, baseados na idéia de que a "paralisação de ambos os lados leva a uma melhor estagnação", às vezes conduzimos à calmaria a dinâmica entre dar e receber, entre o segundo e o terceiro amaridianos. A seguir mostrarei como, com três passos, é possível fazer a energia voltar a fluir.

Susanne volta do trabalho, escancara a porta, entra na cozinha fazendo estardalhaço e de passagem faz uma observação descuidada a Thomas. Ele, tão estafado pelo trabalho quanto ela, reage irritado. Ela se defende com outra agressão e Thomas se retira para o escritório, ofendido. Normalmente, a seqüência dos acontecimentos é a seguinte: depois de algum tempo, Susanne se acalma, procura Thomas, mas ele ainda não perdoou a falta de tato dela. Ele a castiga com uma observação humilhante. Susanne, por sua vez...

Depois de três dias, eles brigam para saber quem começou a discussão e quem tem mais razão de se sentir ofendido. É o que ocorre com freqüência: quando um chega a um estado de paralisação do amor, costuma ser difícil para o outro permanecer, por sua vez, na corrente do sentimento. Falta de amor conduz a falta de amor, que conduz a falta de amor, que conduz...

Dessa vez, a coisa é diferente: depois que Thomas se retira para o escritório — e após uma curta torrente de impropérios —, ele se lembra. Então lança mão dos "três passos", para permanecer na corrente do amor.

1. Com o primeiro amaridiano, "Eu me amo assim como sou", ele preenche de amor o local ferido pela falta de amor de Susanne. Depois de curar sua ferida, de poder dizer "Eu me comprazo na minha própria companhia" e de se sentir bem, ele segue para o segundo passo:

2. Com o terceiro amaridiano, ele reforça sua capacidade de receber: primeiro se conscientiza novamente de como Susanne também é carinhosa com ele. Lembra-se de pequenos e grandes gestos da semana anterior e recebe mais uma vez, com consciência, a qualidade do amor que eles contêm. Thomas se torna totalmente receptivo, pronto para receber mais dela. Assim, ele abre completamente o terceiro amaridiano para si, à medida que se torna 100% receptivo para a completa realização no amor.

3. Em seguida, ele abre espaço para o segundo amaridiano com o terceiro passo: "Eu a amo como uma pessoa livre (mesmo quando você está mal-humorada)". E dessa forma aumenta sua possibilidade de se aproximar de novo de Susanne.

Depois de mais ou menos quinze minutos, Thomas sai do escritório. Ele vai até Susanne e pergunta, sem nenhum tom de repreensão na voz e com o desejo evidente de se entender com ela: "Afinal, o que aconteceu? Você também se ofendeu tanto quanto eu?" Susanne olha-o nos olhos e lhe conta sobre a pressão que estava sofrendo no trabalho. Ele a toma nos braços, ouve-a primeiro e depois pensa num jeito de ajudá-la. Mais tarde, eles resolvem fazer com mais freqüência o Exercício para purificar a energia dos casais.

Os três passos: fortalecemos no primeiro passo o primeiro amaridiano; no segundo passo, o segundo; no terceiro passo, o terceiro ou também aquele que se mostrar mais fácil, como no exemplo acima: no segundo passo, fortaleceu-se o terceiro amaridiano; e no terceiro passo, o segundo. Em cada caso, o importante é sentir-se no amaridiano, ampliar com a respiração tudo o que surgir em matéria de sentimentos e aceitar, isto é, agir da maneira sugerida pelo método Vivation®.

O fortalecimento da corrente mútua de amor

Quando abraçamos nosso companheiro, o acariciamos ou beijamos, a doação está ligada bastante diretamente à corrente de amor. Tão diretamente que nem um pouco dessa doação se perde, quando o receptor não se fecha. Quando elogiamos o outro, a energia flui de modo ainda mais direto: "Achei maravilhoso ver como você foi paciente com o nosso filho!"

Entretanto, damos muito amor de maneira indireta, por meio de coisas ou de ações. Esse amor muitas vezes não dá em nada, o receptor não chega a senti-lo e às vezes nem mesmo o percebe. Isso não precisa ser assim. Podemos reservar um tempo (por exemplo, três semanas) para cultivar o ato de dar e receber recíproco. Anteriormente, falamos sobre o aspecto da doação no segundo amaridiano, sobre o terceiro amaridiano e a dinâmica entre eles. Depois é bom rever com atenção, mais uma vez, os "Três passos para permanecer no fluxo de amor".

Durante essas três semanas, voltamos sempre conscientemente ao amaridiano da doação, e cada vez que recebemos alguma coisa abrimos o amaridiano do recebimento.

Nós nos unimos com nossa fonte, abastecemos o parceiro de amor e seguimos o movimento do segundo amaridiano: "Eu lhe dou o meu amor e sei que, quanto mais livremente o der, mais ele fluirá de minha própria fonte." Deixamos que idéias e imagens surjam com as coisas e os gestos de amor que queremos dar ao nosso companheiro. O exercício "A linguagem do amor" pode nos fornecer bons pontos de referência. Então, enquanto damos ou fazemos essas coisas, prestamos atenção em nossa energia de amor e a unimos ao nosso ato. Não importa qual seja ele, sentiremos nosso amor mais forte e poderemos usufruí-lo mais plenamente.

É bom quando o companheiro observa espontaneamente: "Oh, obrigado, você trouxe alegria à minha vida!" Assim, é evidente, ele torna-se apto a receber. Também é ótimo quando ajudamos nosso parceiro a se tornar totalmente receptivo: "Quando comprei esta echarpe para você, pensei no quanto ela combina com seus olhos e senti meu coração bater mais forte." Dessa maneira, oferecemos ao companheiro a oportunidade de receber, junto com o objeto, também a energia do amor. Quando, por sua vez, o parceiro se dirige inteiramente ao amaridiano do receber, o objeto ou a ação se tornam um veículo da energia do amor.

E assim, é possível pontuar o dia com pequenos elogios, presentes e gestos de amor. Depois dessas três semanas, a corrente recíproca de dar e receber terá se tornado mais forte, mesmo quando não nos ocuparmos dela tão conscientemente.

Meu companheiro não dá nenhuma importância ao desenvolvimento pessoal, aos amaridianos e a coisas do gênero. O que devo fazer?

Naturalmente, todos nós gostaríamos de poder seguir um só caminho com o companheiro, no que diz respeito à estruturação do relacionamento. Mas, às vezes, deparamos com obstáculos como o desinteresse ou a rejeição.

No entanto, nem tudo está perdido. É claro que você terá de fazer os exercícios para casais sozinho e falar apenas superficialmente com o parceiro sobre os amaridianos. No primeiro passo, portanto, você só poderá contar consigo mesmo. E, por isso, é muito importante que você seja, de fato, bom nisso.

É possível trabalhar sozinho com os amaridianos, fazer todos os exercícios individuais e também a maioria dos exercícios para casais. Mas como? Você conhece a parte do seu companheiro que está se relacionando com você — a ponto de poder representar pelo menos um pedaço dessa parte.

Nos exercícios de comunicação, assuma simplesmente o papel do seu parceiro e diga o que ele deveria dizer. É lógico que isso não será tão real e direto quanto se ele estivesse presente, porém também surte efeito. Muitas vezes me relataram resultados surpreendentes atingidos por meio de exercícios para casais na ausência do outro. É como se, de certo modo, o campo energético do casal também pudesse ser purificado por um parceiro apenas.

O que mencionarei a seguir é igualmente relevante nesse contexto: o desenvolvimento de sua capacidade de amar e o seu crescimento pessoal não dependem da expansão interior de seu companheiro. Você pode aceitá-lo como ele é e usar tudo o que esse sentimento provoca em você para desenvolver-se.

Uma coisa é certa: quando você se modifica, a relação também se modifica. Suponhamos que seu comportamento A provoque nele o comportamento B. Se seu comportamento A deixar de existir, o comportamento B dele não terá mais razão de existir, pois não será provocado. E ele acabará crescendo também, estimulado pelo seu crescimento!

O que não funciona, de jeito nenhum, é tratar mal seu companheiro e bombardeá-lo com acusações, exigências e recriminações. O outro também é "só um ser humano" e quer ser amado assim como é!

Melhor ainda é quando você dá ao parceiro uma parte daquilo que você adquiriu com a sua paz interior e capacidade de amar, por meio de seu desenvolvimento pessoal. Afinal, é isso o que você quer: fortalecer sua capacidade de amar, aprimorar a qualidade do seu relacionamento. Se o seu amor fluir mais facilmente, é possível que seu companheiro passe a desenvolver, por si mesmo, interesse pela coisa. "O que aconteceu? Ainda há pouco, você estava zangada comigo porque fui tão grosso, e agora me trata assim?" "Ora, eu só pratiquei os 'Três passos para permanecer no fluxo de amor', recomendado no livro dos amaridianos." "Em que livro?"

Em vez de sobrecarregar seu companheiro, nesse momento, com os temas e exercícios mais difíceis, você pode, por exemplo, propor o exercício da "Linguagem do amor" ou, simplesmente, dar um exemplo com palavras e depois dizer: "Olhe, este é um exercício dos 'amaridianos'!"

Muitas pessoas não demonstram nenhuma disposição para se ocupar conscientemente "de coisas desse tipo". Na maioria das vezes, essa falta de disposição se deve à existência de idéias preconceituosas tais como: "Quanto mais a gente fala sobre essas coisas, pior." "Se começamos a chafurdar na área dos sentimentos, depois fica difícil sair do pântano." "Essa história de sentimentalismo é coisa de mulher." "É só não perder o controle." "Pessoas que se envolvem com essas coisas não são normais." Pensamentos desse tipo têm dois pressupostos em comum.

Primeiro: a atitude básica de que sentimentos, coisas invisíveis como caminhos energéticos e outras afins são suspeitos. Geralmente, essa postura revela falta de capacidade e de experiência para se relacionar com essas coisas.

Segundo: a falta de conhecimento do fato de que, com métodos como o Vivation®, podemos facilmente aprender sobre competência emocional — o relacionamento eficaz com relação aos sentimentos.

É possível modificar esse tipo de atitude com informações e experiências. O companheiro, a princípio cético, também desenvolverá maior receptividade para lidar com "coisas desse tipo".

Quando o parceiro cético o obriga a não se envolver mais com "coisas desse tipo", é hora de tomar uma decisão: ou permanecer com ele dentro de sua limitada área de relacionamento ou extrapolá-la. Se você ficar ao lado do parceiro, sacrificando seu próprio crescimento, mais cedo ou mais tarde surgirão as conseqüências negativas, pois, na verdade, isso vai contra a natureza. Manter-se estagnado não é natural.

Existem duas possibilidades de crescimento: em conjunto ou individualmente. Um dos dois deve acontecer. Se você não deixar de seguir adiante, subjugado pelo ceticismo de seu parceiro, mas, ao contrário, mantiver um caloroso contato com ele durante seu progresso, talvez aconteça algo surpreendente: seu companheiro o alcançará no meio do caminho e lhe agradecerá por ter ido em frente apesar do ceticismo dele.

Eu conheço alguns casais que convivem com essa experiência de forma interessante: um deles continua com seu desenvolvimento de maneira consciente, enquanto o outro o respeita totalmente e lhe dá liberdade e oportunidade para isso, porém não optando por um tipo de crescimento tão consciente e estruturado. Se existem respeito e liberdade no relacionamento, é evidente que isso também é possível.

O convívio no dia-a-dia — um fator desgastante ou uma vantagem?

Quando vivemos juntos, existe um fator que costuma destruir o relacionamento e cujo efeito devastador não deve ser menosprezado: um dia-a-dia estressante e sobrecarregado. Trabalhar, lavar, limpar, fazer compras, cozinhar, comer, cuidar dos filhos e educá-los, passar juntos o tempo livre... Se tudo isso for estressante e não der prazer, pode provocar o fim de um relacionamento.

O efeito não vem de repente. Ele vai corroendo aos poucos, mina a base do relacionamento até que ela se torne frágil e não suporte mais nem as menores cargas.

Nesse caso, é essencial que haja uma divisão justa dos afazeres da casa e das responsabilidades; trata-se da arte de conviver com alguém que é diferente; portanto, do fortalecimento do quarto amaridiano. Mas é também uma questão de estilo de vida.

O amor tem grande possibilidade de prosperar se cultivarmos uma atitude na vida cuja meta seja sempre conseguir algo que ainda não foi alcançado; se procurarmos motivar a nós mesmos e aos outros com uma autocrítica constante; se dermos menos valor e espaço ao que já existe do que ao que está por vir.

O amor exige que encontremos e cultivemos um estilo de vida que nos deixe espaço para dar assistência aos seis amaridianos, que nos permita tirar vantagem do cotidiano em comum e sintonizado com as regularidades do desenvolvimento humano.

A objeção de que as circunstâncias externas determinam o estilo de vida revela um mal-entendido: a mudança não depende de um novo emprego, de trezentos reais a mais na conta corrente, da nova casa ou de outras coisas externas (mesmo que elas possam ajudar). Mesmo com todas essas coisas, o cotidiano poderia continuar sendo estressante. A mudança começa com uma nova orientação interior. A partir da reestruturação interior, podemos modificar mais facilmente os fatores externos.

Existem dois pontos importantes nessa nova orientação: primeiro, adquirir competência no trato com os sentimentos; e, segundo, deixar o hábito de se preocupar com o que não existe. Em vez disso, devemos reconhecer o que há de fato e incentivá-lo para que consiga crescer.

Esses dois pontos são tratados pormenorizadamente no livro *Die Kunst der Lebensfreude* [A arte de viver feliz]. Descreverei aqui um exercício contido nesse livro, que exige pouco tempo e é bem adequado para o início do dia:

O ritual do bem-estar:

1. Julian pergunta a Manuel: "O que você pretende fazer hoje?"
   Manuel fala de modo objetivo de sua decisão de aproveitar o dia para tratar de alguns assuntos pessoais. "Hoje estou decidido a..." (duração: um minuto).
2. Manuel: "Uma coisa pela qual estou agradecido hoje é..."
   Julian: "Que bom! Aproveite essa chance!" (desfrute a situação, não deixe nada passar em branco, etc.).
   Manuel inspira suave e profundamente, pensa no que foi dito e recebe a mensagem com todo o seu corpo (por exemplo, durante dois minutos).
3. Manuel: "Uma coisa que eu quero é..."
   Julian: "Isso, procure se expandir para conseguir o que quer!" (preencha-se com esse desejo, até que transborde, para você se realizar; amplie seu potencial, etc.).
   Manuel respira profundamente, pensa no que tem vontade e expande-se com a ajuda da inspiração.
4. Manuel: "Um desafio que eu quero aceitar é..."
   Julian: "Isso, aproveite esse desafio para superar seus limites..." (aceite-o!).
   Manuel pensa no desafio, respira de maneira adequada, pensando no sentimento que surgiu e aceita o desafio.

"Não tenho tempo suficiente!"

Quero dizer duas coisas a esse respeito:

Primeira: pode ser que você esteja tão atarefado que, de fato, não lhe seja possível fazer alguns dos exercícios aqui propostos. Talvez, a princípio, você também não possa ou não queira mudar nada. Se esse for o caso, não se preocupe, pois, mesmo sem os exercícios, a leitura deste livro lhe oferecerá novos pontos de vista e sugestões úteis.

Segunda: quase sempre, os melhores programas de desenvolvimento pessoal fracassam, porque não os utilizamos. "Há tanta coisa a fazer, não consigo encontrar um tempo para mim... os filhos, o trabalho..."

Quando nos entregamos dessa forma ao jugo da família e das obrigações, privamo-nos de tempo para nós mesmos. Na maior parte das vezes, não queremos que seja diferente. Entretanto, de que vale o dinheiro para comprar o novo conjunto de sala de estar se, de manhã e à noite, o casal só dispõe de um par de frases feitas, que não dizem nada, para trocar entre si? De que serve o custo e o sacrifício para manter uma vida em comum se, exatamente por causa desse custo, a vida em comum é posta de lado, torna-se vazia e desmorona? E como pode ocorrer uma mudança, se não lhe dermos nenhuma oportunidade?

Se você não conseguir mais encontrar tempo para si mesmo, isso é um sinal de que precisa modificar alguma coisa no seu dia-a-dia, na sua semana, na sua vida. A qualidade de suas atitudes e de sua vida depende de você! Daquilo que você se proporciona. Você é a pessoa mais importante!

Quando um relacionamento entra em crise num determinado momento, geralmente é porque não foi dado a ele tempo suficiente para esclarecer as coisas e manter os amaridianos abertos. Para realizar uma limpeza básica, você terá de lhe destinar algum tempo.

Se os amaridianos estiverem abertos, na maior parte das vezes basta que você dedique, de vez em quando, um pouco de tempo aos amaridianos, usando as frases da corrente para abri-los e manter o amor fluindo. Quando essa situação já tiver sido atingida, o simples fato de você se lembrar de um amaridiano fará o amor fluir!

A questão é a seguinte: você acha que vale a pena dedicar esse tempo ao seu relacionamento?

Os amaridianos e o relacionamento entre pais e filhos

O relacionamento entre pais e filhos é tão complexo que seria impossível abordá-lo aqui em detalhes. Mas eu gostaria de me referir a alguns pontos que se relacionam com os amaridianos.

O primeiro amaridiano (aceitar o amor)

"Eu aceito a mim mesmo. Eu me amo assim como sou." É muito bom quando a mãe e o pai conseguem se aceitar da maneira como são. Então eles podem servir de modelo, não para qualquer tipo de ideal, mas sim para aquele que valoriza a autenticidade do ser humano. Assim, a mãe e o pai também carregarão em si os fundamentos para conseguir aceitar o filho como ele é.

Também é importante que a mãe e o pai sejam capazes de se abastecer de amor. Esse é o pressuposto para que eles consigam dar alguma coisa livremente, distanciando-se do "toma lá, dá cá" resultante do equívoco com o amaridiano. Ele cuida para que eles não se consumam em tudo o que dão.

"Desfrutar a própria companhia", "relaxar, sentindo-se como uma parte do Todo" são metas muito importantes que, apesar de serem difíceis de atingir, os pais devem se esforçar para impor aos outros e a si mesmos.

O *segundo amaridiano (dar)*

"Eu lhe dou o meu amor. Sei que, quanto mais livremente eu o der, mais ele fluirá da minha própria fonte." Portanto, não devemos pensar assim: "Eu me sacrifico por você, para que você me ame, para que, mais tarde, você me retribua..." ou: "... para eu me considerar uma boa mãe".

"Amo-o assim como você é, como uma pessoa com vida própria, um ser livre. Apóio-o naquilo que você quer para seu desenvolvimento." Precisamos aprender a amar nosso filho como ele é, e não como ele deveria ser, de acordo com nossos planos! Temos que dar amor incondicional à criança! Quantos pais me disseram que, com os filhos, aprenderam o que é o amor incondicional!

O *terceiro amaridiano (receber)*

O importante, nesse caso, é tornar-se totalmente receptivo ao amor do filho, em vez de ficar preso ao papel de doador e desse modo bloquear a corrente de amor recíproca.

O *quarto amaridiano (encontro)*

"Sinto prazer em encontrá-lo, reflito-me em você, tanto no que existe em comum entre nós quanto nas nossas diferenças; eu me diferencio de você. Descubro meus limites em você. Cresço ao seu lado e com você. Abro-me para você e, por seu intermédio, para mim." Aqui há muito a ser descoberto! Muitas vezes esperamos que nosso filho se pareça conosco, ou pelo menos com nosso parceiro. E então ficamos surpresos ao ver como ele pode ser diferente e único. Em certas famílias, a criança é vista como alguma coisa não acabada, que antes precisa ser educada para se tornar um ser completo. Porém, quando a respeitamos como um ser independente, que vale a pena ser conhecido e compreendido, é possível ocorrer muito crescimento em comum!

O quinto amaridiano (união — fusão)

O filho é fruto da fusão dos pais. Ele provém, de certa maneira, da fusão e da união com a mãe. Durante nove meses, ele formou com sua mãe uma unidade orgânica. "Eu desfruto a união com você." Essa frase-chave sempre será possível entre o filho e a mãe ou entre o filho e o pai. "Eu anseio pela total fusão com você." Esse aspecto do quinto amaridiano precisa ser modificado. O filho deve se libertar do seu anseio pela total união com a mãe e dirigi-lo a outra pessoa a fim de que, mais tarde, consiga dividir com seu próprio companheiro o quinto amaridiano. Os pais podem se referir à frase-chave "Eu desfruto a união que já temos" e dar liberdade ao filho com o desenvolvimento do segundo amaridiano, "Eu o amo como um ser independente, como uma pessoa livre".

O sexto amaridiano (doação conjunta)

Esse é o amaridiano responsável pelo relacionamento do casal com o filho. Com muitíssima freqüência, ele é sobrecarregado. Tratarei em seguida desse aspecto.

Um ponto decisivo no relacionamento entre pais e filhos

É muito comum vermos o sexto amaridiano desmoronar porque lhe tiraram a base energética. A força do sexto amaridiano é determinada pelo vigor da união dos pais (quinto amaridiano) e da capacidade deles para conversar de forma produtiva (quarto amaridiano). (Veja também a descrição do sexto amaridiano.)

Muitas vezes, porém, ocorre o seguinte: as atividades ligadas à sobrevivência da família ocupam tanto espaço que sobra pouco tempo para a assistência dos amaridianos do encontro e da fusão. O relacionamento amoroso se reduz cada vez mais à preocupação exclusiva com a sobrevivência.

A união, base do sexto amaridiano, diminui progressivamente. Ao mesmo tempo, a fraqueza no amaridiano do encontro e do entendimento faz com que o casal comece a navegar sem rumo. Eles perdem a capacidade de considerar suas diferenças como uma multiplicidade comum.

Quantos casais não entram em conflito por causa disso, mesmo antes da chegada dos filhos? Se ter filhos é uma carga tão pesada, não é fácil decidir tê-los sem objeções. O que acontece geralmente é que a mulher quer e o marido não.

Nesse caso, alguma coisa vai mal na base da relação.

Enquanto antigamente o sustento da família era ocupação comum de uma grande família, hoje é uma tarefa muitas vezes considerada um fardo de um pequeno grupo. Trabalhar, fazer compras, cozinhar, comer, cuidar dos filhos, brincar com eles, lavar roupa, resolver problemas, arranjar tempo para si mesmo, etc., etc., etc. Alguma coisa sempre acaba sendo deixada de lado.

Antigamente, as crianças formavam grupos para brincar com outras crianças da grande família ou da vizinhança; hoje, muitas vezes elas se encontram enjauladas junto com os adultos num apartamento. Um adulto, mesmo quando se esforça, não é capaz de substituir as outras crianças.

O que impera é uma injustiça estrutural: a criança precisa, o dia todo, de alguém com quem brincar; o adulto necessita de sossego. Os dois juntos é algo que simplesmente não dá certo. Ou a criança ou o adulto terá de se controlar, o que é injusto. Ao final, ambos acabam sofrendo com a situação.

O casal precisa de um tempo para conversar; a criança exige atenção. Ou a criança fica confinada à máquina de distrair chamada televisão, ou ao casal sobram apenas aquelas horas menos exaustivas, bem tarde da noite. Como eles poderão ainda encontrar tempo e espaço para cuidar do relacionamento?

O que eu quis dizer com tudo isso é o seguinte: o sexto amaridiano acaba sendo sobrecarregado estrutural e socialmente. Essa situação acontece com os casais que, apesar de terem um grande amor e disponibilidade, terminam por romper seu relacionamento diante das exigências excessivas.

Resta-me mencionar duas coisas:

Por um lado, quero me dirigir aos casais em particular: vale a pena refletir sobre o valor que damos ao amor em relação a outras coisas. Talvez exista uma sala de estar com um jogo especial de sofás em que ninguém quase nunca se sente. Quem sabe essa sala pudesse servir de recinto particular para que um dos membros do casal pudesse se dedicar mais ao relacionamento? Como o cotidiano poderia ser modificado, de modo que o casal pudesse ter mais tranqüilidade e tempo juntos? O que é mais importante, o novo jogo de quarto ou alguém para ajudar nas tarefas da casa?

Por outro lado, existe a questão social: as crianças são o futuro da coletividade. É do interesse de todos que elas prosperem e cresçam da melhor maneira possível. E a coletividade não pode deixar essa tarefa apenas para um casal ou, mais exatamente, para as mães.

Os casais e as mães arcam com um enorme trabalho, no que se refere aos filhos, em favor da coletividade. Não é apenas uma falta, mas também uma desconsideração, quando lhes dão tão pouco valor e apoio material por essa tarefa.

Se a assistência às crianças é uma tarefa da comunidade, então por que não resolver isso juntos?

Deixemos de lado as exigências por mais creches e centros de convivência infantis. Quem, por exemplo, se junta a outros pais e forma grupos de brincadeiras (também para crianças em idade escolar) não deveria precisar pedir esmolas para conseguir manter isso — nem aos outros pais nem ao Estado. Pelo contrário, essa atitude deveria ser tomada como um bom exemplo e ser apoiada materialmente de forma generosa.

Analisando de uma perspectiva mais ampla, eu não acredito que, depois da dissolução da grande família, agora os pequenos núcleos de duas ou três pessoas comportem a visão do futuro. As tarefas que estão diante de nós não exigem mais fracionamento, e sim mais entrelaçamento, trabalho em conjunto e integração. Acho que chegou a hora de fundar comunidades de novos tipos; comunidades que possam resolver em conjunto também os problemas das crianças e oferecer a elas um lugar adequado à sua natureza, um lar que as acalente.[8]

Uma palavra aos que se dedicam fervorosamente ao relacionamento

Diante de todas essas propostas e dos "pontos decisivos" que se seguirão, talvez você esteja pronto para transformar o relacionamento num canteiro de obras. Por favor, não se esqueça:

O amor é uma dádiva *dupla*!

Podemos aceitar a oportunidade de resolver grandes problemas também como um desafio e aproveitá-la para aprender alguma coisa. Enquanto isso, porém, não precisamos deixar passar as pequenas oportunidades de festejar o amor no que ele tem de encantador. É claro que, quando um nó criado por sentimentos reprimidos nos impede de desenvolver um amaridiano, convém desmanchar, desatar esse nó, esse ponto decisivo.

Às vezes, entretanto, nos comportamos como o Zezinho: ele está parado na esquina, chorando, quando uma amiga se aproxima e pergunta: "Zezinho, por que você está chorando?" E ele responde, soluçando: "Minha mãe me disse para eu atravessar a rua só depois que o carro passar — e até agora não passou nenhum!" É comum insistirmos em solucionar problemas que, naquele momento, nem estão realmente atrapalhando o caminho do amor!

Com certeza, em situações de crise é importante esclarecer as coisas. Mas, se isso acontecer, não devemos nos manter presos às zonas problemáticas! Ao lado das nozes, também há passas! Quando não existe sexo, é possível substituí-lo por um momento de aconchego, a leitura conjunta de um livro e o estar próximo um do outro, um passeio ou uma atividade em comum...

Alguns Pontos Decisivos na Expansão dos Amaridianos

Neste capítulo, falarei sobre alguns pontos em especial. São aqueles que são sobrecarregados sobretudo por muitos sentimentos reprimidos, que temos bastante dificuldade de aceitar. Por esse motivo, é comum permanecermos parados nesses pontos da evolução. À medida que conseguimos aceitar esses sentimentos, o amaridiano correspondente se fortalece e superamos as limitações anteriores. Os aspectos e os contextos que apresento aqui devem encorajar a disponibilidade para entender os sentimentos mencionados e aceitá-los.

Chamo-os de pontos decisivos porque eles se referem, de certo modo, ao cerne dos problemas. Mas não devemos atacar esses pontos "furiosamente", e sim nos aproximar com "tato", para que, em vez de se criar uma barreira na corrente de amor, esta passe a fluir com tranqüilidade.

Um ponto decisivo no desenvolvimento do primeiro amaridiano: aceitar o amor

"Desfrutar a minha própria companhia, relaxar sentindo-me como uma parte do Todo — é tudo muito bonito", alguns dirão, "mas eu não consigo isso!" De fato, eu mesmo, depois de me separar de meus parceiros, quando percebia em mim os sentimentos de abandono, vivi um verdadeiro inferno: uma sensação de sufoco, tensão nos músculos da barriga, um mar de tristeza que parecia não ter fim e que ameaçava me engolir. Você talvez esteja se perguntando por que estou lhe recomendando que perceba esses sentimentos em você. Novamente, é pela minha própria experiência!

Os músculos da barriga e da garganta terminam por relaxar, o mar de tristeza se esvai e depois conseguimos a paz interior e a capacidade de amar incondicionalmente. Em outras palavras: vale a pena!

Para entender o abandono "existencial"

Há dois tipos de sentimentos de abandono: o de abandono concreto e o de abandono "existencial". Sentimos o abandono concreto e a tristeza dele resultante quando enfrentamos uma separação recente. Nesse sentimento encontra-se a estima pela outra pessoa. Ao aceitarmos essas emoções, talvez continuemos a lamentar a separação física; porém, à medida que aceitamos a tristeza, mantemos viva a estima por essa pessoa. Desse modo, é possível preservar a união acima do espaço e do tempo. O sentimento concreto de ter sido abandonado pode ocorrer sempre que alguém que amamos nos deixa.

O "abandono existencial" é outra coisa. Trata-se de sentimentos de abandono que se referem ao nosso nascimento e à nossa infância; à época em que, de fato, dependíamos inteiramente de outras pessoas e estávamos entregues a elas. O abandono na primeira infância distingue-se do abandono na idade adulta pelo fato de que a criança realmente depende dos outros, enquanto o adulto, felizmente, não.

Mas, como crianças pequenas, não éramos capazes de viver sozinhos. Dependíamos de alguém que estivesse ao nosso lado, que cuidasse de nós. Apenas quando sentíamos o calor e o amor de alguém podíamos acreditar que ele ou ela estaria pronto a cuidar de nós. Dependíamos dessa pessoa para crescer ou esmorecer. Nos momentos em que nos sentíamos abandonados, parecia, ao mesmo tempo, que toda a nossa sobrevivência estava em xeque.

Por isso, o abandono infantil geralmente está associado ao desamparo desesperado e ao medo da morte. Assim, como esses sentimentos precoces de abandono parecem tratar de nossa sobrevivência pura e de nossa existência, chamei-os de "abandono existencial". Na maior parte das vezes, eles estão enterrados tão profundamente dentro de nós que só se tornam perceptíveis quando somos abandonados de fato. A parte real dos sentimentos de abandono nos diz então: "O pior que pode me acontecer é eu perdê-lo (ou perdê-la)." A parte que se relaciona com o abandono no passado (existencial) diz: "O pior que pode me acontecer é eu não conseguir sobreviver a isto!"

Quando o abandono real e o existencial se misturam formando um grande bolo de dor, acabamos sentindo que não somos capazes de viver sem o outro.

Esses sentimentos geralmente estão em planos diferentes, em camadas. Primeiro sentimos o abandono concreto, depois talvez uma separação importante, que ainda não tenha sido assimilada por nós. E em seguida — já presenciei isso várias vezes — o fato ter sido abandonado pela mãe na primeira infância ou no nascimento original e "existencial".

É bom esclarecer que, no útero materno, nós nos sentimos na mais completa segurança, vivemos na nossa unidade mais profunda com uma outra pessoa. Depois, durante o nascimento, ocorre a separação. Se esse acontecimento não for bem elaborado por nós — e isso acontece com a maioria das pessoas —, a lembrança dele ficará armazenada em nosso corpo. E interferirá inconscientemente em nossos relacionamentos.

Quanto mais íntima é uma união, mais possibilidades ela tem de ativar subliminarmente medos de abandono. Ficamos então na expectativa de que nosso companheiro nos abandone, mesmo que essa não seja, em absoluto, sua intenção. Não somos capazes de acreditar que o outro realmente queira ficar conosco e podemos até provocar uma separação.

- Por puro medo de sermos abandonados, apegamo-nos ao outro de uma maneira tão opressora que ele só consegue reencontrar sua liberdade quando finalmente nos abandona.
- Para não sermos abandonados, atendemos a toda e qualquer expectativa do outro — mesmo que só suposta —, de tal forma que ele deixa de ter uma contrapartida. Desse modo, enfraquecemos o relacionamento de dentro para fora. Tornamo-nos tão despersonalizados, que a outra pessoa não consegue mais amar e acaba nos abandonando.
- Já no começo nos fechamos, para não sermos atingidos tão profundamente quando o companheiro nos deixar. Nós nos afastamos dele na intimidade, de modo que o amor não flui mais e o outro acaba se afastando de nós também fisicamente.
- Algumas pessoas, depois de um certo grau de intimidade, se distanciam, elas mesmas, do companheiro, para "prevenir" o abandono.

Algumas sugestões para lidar com o abandono existencial

- Distinção: você não é seus sentimentos. Você os tem, você os sente e pode lidar com eles de maneiras diferentes: é possível rejeitá-los ou aceitá-los.
- Aceitação: rejeitar seus sentimentos de abandono é como renunciar a essa parte de si mesmo! Se você aceitar a parte abandonada, se possível tomando-a com carinho e abraçando-a intimamente, então ocorre a cura: o sentimento de ter sido abandonado é preenchido como se fosse um buraco. O que estava faltando ali e o fazia sofrer era o amor. No momento em que você dá amor a essa sua parte, o buraco pode se preencher, e a ferida talvez se feche.
- Atitudes que ajudam:

— "Tomara que eu supere logo este sentimento de abandono!" "Tomara que eu me livre logo destes sentimentos."

Essa atitude interior traz em si a rejeição dos sentimentos e retarda a assimilação deles. Ela se contrapõe também a um contexto importante: você toma consciência do abandono por meio do seu sentimento de proximidade, de amor e de segurança. É esse seu sentimento com relação ao amor e à segurança que percebe alguma coisa, quando você é abandonado. Não há nada de negativo nesses sentimentos de abandono. São exatamente eles que se agitam e são reprimidos. Ao aceitá-los, você passa a ter mais consciência do seu sentimento com relação ao amor e à segurança. (Explico isso mais detalhadamente em meu livro *Die Kunst der Lebensfreude*[1]).

Portanto, seria mais eficaz e mais adequada à situação uma atitude como: "Eu aceito cada camada de sentimentos de abandono na certeza de que, a cada dia, posso aumentar ainda mais a minha capacidade de amar!"

— Por um lado, você está sempre sozinho — mesmo seu parceiro mais íntimo não consegue conhecer sua dimensão mais íntima, a partir da qual você percebe tudo. Por outro lado, você nunca está sozinho, pois não está apenas rodeado pela Existência — você é parte dela.

Seu companheiro também é parte da Existência que flui por meio de você, que o circunda; talvez seja uma porta especial para ela. Quanto mais feridas causadas pelo abandono forem curadas, mais unidos ficaremos ao "Todo" e mais elevados conseguiremos nos sentir na Existência.

— Medo e desespero: quando o medo da criança que você tem dentro de si o fizer sentir que não será capaz de sobreviver ao abandono, você poderá explicar a ela, num diálogo interior, que a situação ameaçadora já passou. Isso ajuda você a relaxar com relação aos sentimentos.

(Uma boa notícia: se agora, na idade adulta, você tiver a capacidade de perceber seu sentimento infantil de abandono, pode estar certo de que sobreviveu a ele.)

— Exigência demais: quando sentirmos que a profundidade e a intensidade dos sentimentos de abandono estão exigindo demais de nós, é bom nos lembrarmos de duas coisas. Primeira: felizmente, não precisamos sentir todo o abandono e integrá-lo de uma vez. É sempre apenas *uma* camada que precisa ser trabalhada; é sempre apenas o sentimento atual. Segunda: podemos fortalecer nossa capacidade de integração por meio de métodos como o Vivation®.

"Não posso viver sem você!" Quantas canções não abordam essa idéia como sinal do amor verdadeiro? Entretanto, um amor assim, "como planta trepadeira", não tem raízes próprias. Se insistirmos nesse pensamento, correremos o risco de tentar tampar o buraco de nosso abandono existencial com o amor da outra pessoa, o que é um equívoco dos amaridianos e a causa do fracasso de muitos relacionamentos.

Vale a pena citar aqui um certo ponto de vista: como sentimos o abandono com o nosso sentimento de proximidade e de amor, ou seja, com a nossa capacidade de amar, os sentimentos de abandono rejeitados não são outra coisa senão a rejeição da capacidade de amar. Isso significa que, quando aceitamos e resolvemos os sentimentos de abandono existencial, ampliamos nossa capacidade de amar e conseguimos amar mais livremente, munidos da segurança original.

Abandono existencial, "vergonha existencial" e o "tema básico"

Ao prosseguir em nosso trabalho de fortalecimento e de expansão do primeiro amaridiano, talvez nos deparemos com uma outra limitação especialmente difícil de ser vivida. Em geral, ela se manifesta como uma forte incapacidade de amar a si mesmo.

O núcleo dessa limitação é a "vergonha existencial", ou seja, vergonha de existir. Esse comportamento é conseqüência de julgamentos que fazemos, desde pequenos, sobre nós mesmos, e que negam o valor de nossa existência pura, de nossa essência, de nosso ser cheio de maravilhas. Por exemplo: "Eu não sou bom o suficiente", "Sou culpado", "Não sou desejado (como mulher/como homem)" e coisas desse tipo. É uma definição de nossa personalidade ("Eu sou...") que coloca em xeque a legitimidade de nossa existência, que nega brutalmente o primeiro amaridiano e a que nos apegamos como se fosse nossa base!

O tema contido nessa afirmação é tão fundamental que o denominei "tema básico".

Quando sentimentos de nosso tema básico são ativados, ficamos extremamente inseguros e nos julgamos indignos de ser amados; é como se a legitimidade da nossa existência estivesse sendo questionada. Na maior parte das vezes, temos reações automáticas consolidadas de modo muito profundo para que consigamos evitar esses sentimentos e compensá-los.

Como chegamos a essas conclusões restritivas sobre nós mesmos? O que podemos fazer?

Uma raiz importante do tema básico — dessa conclusão que nega a nossa existência — é o abandono existencial. Devido às nossas carências, quando éramos crianças não podíamos dizer: "Aqui não estou conseguindo receber aquilo que é imprescindível para mim; por isso, vou-me embora!" Tínhamos que impedir, a qualquer custo, que os pilares do nosso mundo (nossos pais) caíssem. Portanto, nos momentos em que nos sentíamos abandonados, pensávamos o seguinte: "Alguma coisa aqui está errada; não estou recebendo aquilo que é imprescindível para mim!" Conseqüentemente, concluíamos: "Alguma coisa aqui está errada — devo ser eu. Com certeza... (não sou bom o suficiente, sou culpado, não sou desejado ou coisas do gênero), e por isso sou tratado assim!"

O fato de não termos recebido aquilo de que precisávamos está relacionado com a situação da sociedade e do grupo em que nascemos. Entretanto, não está em absoluto relacionado à nossa essência! A compreensão disso ajuda a nos descobrirmos, a aceitar nossos sentimentos a esse respeito e assim solucionar o tema básico.

Por enquanto, não me estenderei mais sobre esse assunto. No capítulo "Pontos decisivos do quarto amaridiano", falarei da "tortura em cadeia", que pode surgir quando solucionamos juntos nosso tema básico.

Um ponto decisivo na expansão do segundo amaridiano: dar

Quando queremos nos dar com sinceridade, é possível que o tema básico também limite o fluxo de energia. Duvidamos da importância do nosso amor e da nossa doação: "Eu não sou (meu amor não é) bom o suficiente", "Não sou desejado", "Sinto-me muito culpado", etc.

A princípio, parece difícil superar essas limitações. Entretanto, quando ampliamos o segundo amaridiano o suficiente, de modo a conseguirmos sentir essas estruturas como limitação, então o amor já está pronto para curar nossas partes feridas. A solução é darmos o que queremos dar — com todas as nossas dúvidas e sentimentos emergentes.

À medida que damos amor aos sentimentos que estão se tornando evidentes, recuperamos espaço para o fluxo do segundo amaridiano.

Ciúme — prisão ou escada para a liberdade?

A expansão máxima do segundo amaridiano começa quando somos capazes de dizer: "Eu o amo como uma pessoa livre." Isso significa, em última instância: "... mesmo se você amar outra pessoa!"

É lógico que isso às vezes desencadeia o ciúme que já existia em nós. E quem ainda não sentiu os espinhos do ciúme? Há ocasiões em que agimos como se ele fosse parte integrante do amor. "Testamos" alguém para saber se ele nos ama provocando nele ciúme. Usamos o ciúme do outro como arpão para trazê-lo para mais perto de nós ou para mantê-lo a distância.

Na verdade, a reação ao ciúme ou sua negação é um dos maiores assassinos de relacionamentos amorosos que eu conheço. Há pessoas que matam, que abandonam seu companheiro porque ele lhe provocou ciúme. Para evitar que o ciúme aflore, as pessoas fingem e mentem, até mesmo pressionam o parceiro com proibições e acordos absurdos como: "Se você não fizer nada que possa provocar meu ciúme, eu também não farei nada para provocar o seu." O que começa como um muro de proteção acaba terminando como muralhas de uma prisão, atrás das quais o amor encontra o fim.

Algumas pessoas que se sentem presas no muro da exclusividade imposta constroem para si esconderijos: elas fingem que têm um relacionamento a dois ou um casamento exclusivo e mantêm, em segredo, uma amante ou um amante. Isso acaba por soterrar a confiança e a intimidade do relacionamento a dois.

Quando o segredo é revelado, ao ciúme alia-se a dor de ter sido enganado. Para todos os envolvidos, é humilhante. Tudo começou com uma exclusividade que não surgiu livremente, mas sim com o pacto mútuo para evitar o ciúme. Porém, o que fazer com o ciúme?

O ciúme como escada para a liberdade

O ciúme é um pacote de sentimentos muito bem armado. Enquanto o reprimimos, ele limita nossa capacidade de amar. Mas tenho uma boa notícia: quando aceitamos nosso ciúme, damos um enorme passo para a libertação do nosso amor, para a fortificação da nossa capacidade de amar. É possível aceitar o ciúme totalmente. É possível utilizá-lo como um tipo de escada para a libertação do amor.

O que é preciso para isso?

É preciso que eu não aja a partir do ciúme; que eu não siga pensamentos e impulsos como "Vou me vingar!", "Vou abandoná-lo (ou abandoná-la)!", etc.; em vez disso, convém sentir fisicamente o ciúme como um sentimento que eu tenho. A tentativa de não ser ciumento só pode terminar em negação e repressão. É importante que eu aceite o ciúme, que eu me associe à parte de mim que diz: "Sinto-me bem ao sentir ciúme!" Pode ser útil também tentar pesquisar mais sobre esse sentimento, perguntando-se: "Que parte de mim está sentindo ciúme?"

Quanto a mim, o que me fortaleceu na minha disponibilidade para sentir o ciúme foi o próprio amor.

Eu tinha um pouco mais de vinte anos e estava namorando uma mulher extremamente atraente que, além disso, tinha uma visão bastante liberal a respeito do relacionamento amoroso. Se eu quisesse continuar com ela, precisava controlar meu ciúme e superá-lo. Eu estava pronto a realizar uma total revolução interior. Estava pronto a deixar que os piores sentimentos aflorassem em mim, para que eu pudesse superá-los, de forma a não perdê-la e conseguir amá-la com mais liberdade.

Como se fosse uma cebola, descasquei meu ciúme camada por camada, e fui descobrindo em mim o seguinte:

Insegurança a respeito do próprio valor

Senti uma punhalada na minha auto-estima como pessoa, mas principalmente como homem, e fui tomado por pensamentos como: "Se ela está se voltando para outro homem agora deve ser porque eu não a satisfaço (sou muito magro, muito feio, muito pobre, tenho o pênis pequeno demais, não sou viril o bastante, etc.)."

Para conseguir assimilar essa camada do meu ciúme, eu precisava abandonar a pretensão de que ela não deveria provocar em mim esses sentimentos. Eu aceitei meu ciúme como sinal da minha insegurança. Uma das coisas que ajudaram foi o fato de eu conseguir melhorar minha auto-estima.

Medo de sentimentos de abandono

Não, ela não estava a fim de me abandonar. Porém, a simples idéia de que ela pudesse me deixar já fazia todos os músculos da minha barriga se enrijecerem. Sentia-me tomado por uma profunda tristeza e pelo medo da morte. A cada camada dos sentimentos de abandono que eu aceitava, tornava-se mais evidente a quantidade de sentimentos semelhantes que eu carregava dentro de mim. Ficou mais claro que a origem desse meu sentimento de abandono estava no meu nascimento e no período da infância, quando o fato de ser abandonado poderia realmente pôr a vida em risco.

Ao lembrar-me de que esse risco havia passado, de que esses sentimentos não significavam nenhuma ameaça, fui capaz de encará-los com mais tranqüilidade.

O mar de tristeza mostrou, finalmente, que era limitado, os sentimentos de abandono revelaram-se superáveis e, logo, o medo infundado de ser abandonado também deixou de existir.

Experiência contida

Durante uma festa, eu a vi beijar outro homem. Senti como se eu estivesse sendo roubado; como se ele estivesse recebendo alguma coisa que, na verdade, pertencia a mim! Seria uma reivindicação de posse? Olhei para dentro de mim e percebi que eu fora comedido em meus beijos, que não tinha me entregado inteiramente a eles e agora estava projetando tudo.

Para mim, era como se ele estivesse vivendo aquilo que eu me negara a viver! No entanto, isso significava que, se eu tivesse me entregado totalmente em meus beijos, não sobraria nada que eu pudesse projetar, que outra pessoa pudesse "tomar de mim"! E, de fato, numa outra ocasião em que a vi novamente beijando alguém, consegui olhar e ficar contente com a beleza e a felicidade dela.

"Seja o meu 'jardim de entrada'!"

Muito tempo depois, quando passei a ter encontros amorosos com uma outra mulher, descobri uma parte de mim que dizia: "Não, não quero amar você se for uma pessoa livre demais. Se estou me entregando a você, se estou aceitando me fundir com você, quero, pelo menos, poder contar com você no futuro. Seja o meu 'jardim de entrada'; assim eu poderei me abrir para você, sem precisar aprofundar esse relacionamento."

Portanto, era como se eu quisesse abdicar, no meio do caminho, da abertura para a Vida que o amor me revelava.

"Se já estou fundindo, se já estou fluindo, então que seja dentro de um espaço limitado." Eu "me afastava", em vez de ir direto para o amor.

Senti o dom, a oportunidade que eu estava por desperdiçar. Assim, me abri para o amor, uma abertura imprevisível... Sim!

Caso seu companheiro queira dividir o amor com mais de uma pessoa, aceitar o ciúme é, evidentemente, um passo inevitável para você.

Entretanto, mesmo quando vocês concentram seu amor um no outro, este vai se fortalecer se vocês tiverem a capacidade de aceitar e superar o ciúme em suas diferentes formas. (Até uma criança consegue superar o ciúme!) A compreensão disso ajuda a fortalecer a disponibilidade para se colocar diante dos desafios do ciúme.

Poder amar sem sentir ciúme é uma das experiências mais profundas e libertadoras que o amor e o Vivation® me deram. Se o ciúme me alfinetar de novo, eu o aceitarei, agradecido, por me beneficiar, mais uma vez, com as descobertas que ainda poderei fazer nessa área.

A partir do momento em que eu for capaz de dizer: "Eu o amo como uma pessoa livre, mesmo se você estiver amando outro", o princípio da exclusividade começará a se dissolver. O fato de meu companheiro, sem essa fronteira, continuar a concentrar seu amor em mim ou dividi-lo com mais de uma pessoa vai depender apenas de sua capacidade pessoal, de preferências individuais e da direção que o desenvolvimento do seu amor está tomando no momento. Não há "certo" nem "errado".

A propósito, é muito melhor quando vivemos uma relação com exclusividade de livre e espontânea vontade do que quando agimos assim apenas para evitar o ciúme ou por causa de uma proibição. Dessa forma, você concentra seu amor pela pessoa num espaço não limitado por proibições, na "não-exclusividade".

O fato de eu dividir o meu amor com vários parceiros apenas porque não posso concentrar meu amor numa única pessoa, por medo de muita proximidade, não tem nada que ver com o fluxo livre do amor. O que precisa ser fortalecido, nesse caso, é o quinto amaridiano.

Quando eu não deixo que o meu companheiro se dedique totalmente a mim e fique só comigo; quando imponho a presença de uma terceira pessoa no relacionamento, é possível que meu amor-próprio precise ser fortalecido.

(No anexo "Amor, exclusividade e não-exclusividade", comentarei com mais detalhes esse assunto tão delicado e polêmico.)

Um ponto decisivo do terceiro amaridiano: receber

Muitos participantes dos seminários sobre os amaridianos verificaram que, durante o trabalho com os amaridianos, o maior entrave no desenvolvimento do terceiro tinha que ver com o "tema básico". Eles descobriram uma parte de si mesmos que não se achava "boa o suficiente" ou "bem-vinda" ou "merecedora das coisas boas da vida", etc. para realmente poder receber um amor profundo.

O fato positivo a esse respeito foi que a luta sem saída por mais amor no relacionamento havia acabado. Fortalecer a própria disponibilidade de receber é mais fácil e mais promissor do que a eterna tentativa de se cobrar alguma coisa que não estamos prontos para receber.

Uma outra limitação ao terceiro amaridiano pode vir da mesma raiz que o tema básico: abandono na primeira infância e, sobretudo, necessidade.

Quando passamos por necessidades quando éramos crianças pequenas, principalmente se também sentíamos uma dolorosa carência e a sensação de termos sido entregues a outros, a ampliação do terceiro amaridiano pode conduzir a essa dor. À medida que estamos prontos a sentir e a aceitar esses sentimentos, ficaremos prontos também a abrir o terceiro amaridiano e a receber mais realização no amor e na vida.

Além do cuidado com o amaridiano, você pode recorrer ao exercício de Disponibilidade para receber, à página 176, a fim de fortalecer o terceiro amaridiano. Para uma descrição mais pormenorizada do tema básico, recomendo a leitura do parágrafo correspondente quando trato dos pontos decisivos do primeiro amaridiano.

Pontos decisivos do quarto amaridiano: encontro

Festejar o fato de estarmos juntos e preservar esse relacionamento

O quarto amaridiano não oferece apenas a oportunidade de festejar o encontro com o parceiro. Aqui, quase sempre, decide-se também se o amor é capaz de vencer os obstáculos, continua a fluir e cresce ou se morre em decorrência de acusações mútuas do tipo: "Você não é como eu pensava."

No meu próprio relacionamento e no meu trabalho com pessoas e casais, purificar o quarto amaridiano muitas vezes é um ponto de partida importante. Em geral, as informações omitidas precisam ser postas para fora, antes que o casal possa voltar a usufruir inteiramente o encontro.

Um ponto decisivo para isso é aprender a discutir de maneira construtiva e prazerosa e a se comunicar com eficácia. Recomendo, portanto, a leitura do capítulo "Discussão proveitosa" à página 181, e o Exercício para purificar a energia de casais, à página 180.

No Exercício para purificar a energia dos casais, o ato de desculpar desempenha um papel importante, pois em qualquer relacionamento nos ferimos mutuamente, além de reabrir feridas antigas. Essa é uma chance de conhecermos um ao outro e de crescer juntos de forma carinhosa.

Entretanto, se continuarmos a cutucar as feridas do companheiro, se conservarmos a raiva antiga, nosso amor não conseguirá mais fluir por inteiro.

A velha raiva persistente nem mesmo é mais reconhecida como tal. Fria e estática, ela não tem mais nada que faça lembrar o seu ardor. Alguns indícios de raiva congelada são aqueles momentos infindáveis de retração mal-humorada, numa atitude básica de reprovação; uma distância que não permite ao outro se aproximar nem a disposição para revelar o que o está incomodando.

A raiva antiga, persistente, faz com que o fluxo de amor se paralise não apenas em suas formas frias, mas também nas mais quentes. Nada flui mais, e logo parece que tudo chegou ao fim.

Quantas vezes vivi essa situação: quando conseguimos perdoar com sinceridade, o amor torna a fluir — e a experiência com o companheiro se enriquece.

Quando não somos capazes de perdoar com sinceridade

O que fazer, entretanto, quando achamos que perdoar é algo que nos faz parecer fracos; como se baixássemos as armas e nos curvássemos — como uma exigência na qual vários aspectos do nosso eu não tomam parte? Um perdão que não é sincero seria um gesto vazio, e diante de tantos gestos vazios o amor enfraquece totalmente!

A seguir, apresento algumas sugestões para sair dessa enrascada.

Cultivar uma raiva antiga — uma estratégia inútil, uma atitude que não leva a nada

Quando não queremos perdoar, muitas vezes vem à tona uma raiva antiga que carregamos há muito tempo conosco. Por que fazemos isso? Cultivar uma raiva antiga é como manter uma conta em aberto, esperando o dia em que haverá um acerto de contas, ou é como ficar preso a uma lembrança, para que nada de errado aconteça novamente. Nós conservamos essa raiva porque uma parte de nós acha que isso ainda vai dar em alguma coisa. Essa também é a parte que não está pronta a perdoar.

Um passo importante consiste em entender que esperar esse acerto de contas, conservar essa raiva, é uma estratégia que é fruto do desamparo, prisioneira do abandono e que simplesmente não leva a nada.

Em geral, a origem dessa estratégia remonta à nossa infância, quando nós, sob muitos pontos de vista, realmente nos encontrávamos desamparados. Naquela época, tínhamos poucas chances de expressar nossa raiva e de acertarmos as contas. Então, pensávamos coisas como: "Agora ainda não tenho força suficiente para exigir meus direitos — mas espere só até eu crescer, daí...!" A conta tinha começado a ser calculada.

As estratégias para conseguir esse acerto de contas são fruto do desamparo e não funcionam. Seguem-se alguns exemplos.

Conseguir um acerto de contas

Para conseguir um acerto de contas, apresentamos repetidamente a conta em aberto. Para isso, recriamos uma situação se possível semelhante e esperamos que a coisa dessa vez dê certo.

Uma mulher de 38 anos conviveu, quando criança, com um pai que não permitia aproximação e acabou abandonando a família. Há anos ela se relaciona só com homens que não deixam que ela se aproxime, esperando — contra suas próprias expectativas — que dessa vez a coisa seja diferente.

Dessa maneira, podemos repetir as mesmas situações durante anos a fio, esperando o acerto de contas. Quanto mais sucesso tivermos em conseguir criar novamente a mesma situação, mais improvável será que ocorra o acerto de contas.

"Para que isso não se repita..."

Nessa estratégia, mantemo-nos aferrados à raiva, porque queremos, por assim dizer, usá-la como garantia, como precaução para que alguma coisa não aconteça de novo. Para isso, precisamos conservar uma imagem exata do que não queremos e ao mesmo tempo lutar contra isso. Que prejuízo nos causa essa atitude? Nós "acalentamos" a raiva dentro de nós, no lugar em que deveriam estar nossa expectativa e nossa determinação naturais para conseguir o que de fato queremos.

No lugar da expectativa natural de ser bem tratado por meu companheiro, encontra-se, por exemplo, a imagem do meu pai, que me negligenciava ou me batia. No lugar da minha expectativa natural de ser bem tratado, encontra-se meu antigo ressentimento, minha posição de defesa crônica e minha atitude bélica permanente contra o mau tratamento do passado. Eu interpreto tudo de acordo com minha imagem interior do mau tratamento, espero-o e me preparo energeticamente contra ele.

Será que com essa estratégia eu não consigo recriar exatamente o que quero evitar?

"Para que eu não me torne igual..."

"... à minha mãe, ao meu pai, ao meu professor", etc.

Essa é uma variante do mesmo tema.

Nós conservamos uma imagem exata daquilo que não queremos ser, inclusive de nossa luta contra isso, e instalamos ambos no lugar de nossa capacidade de sermos como realmente somos.

Há ainda uma outra variante:

"Para que eu possa ser eu mesmo"

Se sempre fomos obrigados a corresponder a determinadas expectativas; se não deixavam que tivéssemos vontade própria; se talvez não tivemos espaço nem sequer para conhecer nossa própria vontade, então pode ser que nossa reação seja uma revolta sem fim.

A raiva das restrições que sofremos está ligada a uma recusa crônica a qualquer tipo de expectativa com relação a nós mesmos. A atitude de se opor a tudo, dizendo: "Vou fazer à minha maneira" ou "Prefiro desistir a corresponder às expectativas deles" são também versões dessa estratégia.

A parte que se mantém presa a essa postura tem uma boa intenção: ela quer cuidar para que possamos ser nós mesmos, para que não desistamos de ser livres. É como se fosse um escudo protetor que deve nos proteger de cair numa rede de expectativas.

Também essa estratégia é inútil. Ela não conduz à liberdade que tanto queremos, pois nos obriga a ser sempre rebeldes. Não podemos então ser nós mesmos, porque somos forçados a não corresponder às expectativas. Isso talvez vá tão longe que, até mesmo com relação às expectativas que temos de nós mesmos, insistamos na posição de ser contra e acabemos nos boicotando — a melhor garantia para não conseguir ser aquilo que realmente somos.

Satisfação, vingança

Essa estratégia exige que eu procure uma pessoa semelhante e faça sentir a mesma coisa ou ainda mais do que fizeram comigo. Será isso o que realmente queremos? Uma multiplicação daquilo que sofremos? E quem determina quando a vingança foi suficiente?

Passos que nos afastam da estratégia inútil

Em seminários e encontros de casais ou de pessoas sozinhas, eu auxilio as pessoas a dar os seguintes passos:

A resolução do ressentimento

1. Sinta a raiva antiga, o ressentimento, e identifique-a.
2. Entre em contato com a energia que se oculta na raiva.
3. Reconheça com que objetivo e com que estratégia a raiva é mantida.
4. Com uma decisão consciente, dê dois passos:
   a) deixe de lado, ou seja, resolva a antiga intenção e a estratégia inúteis;
   b) direcione a energia ligada à antiga estratégia para conseguir o que de fato quer.
5. Depois de dar o quarto passo, sinta se já existe um impulso para perdoar com sinceridade.

(Estruturado de uma forma diferente, esse exercício é apresentado na parte destinada aos exercícios, sob o título "Exercício para a resolução do ressentimento".)

Esse é um processo energético-emocional, difícil de ser descrito com palavras. Muitas vezes, ele libera ressentimentos mantidos durante anos, dos quais as pessoas nem tinham consciência, mas que o fluxo de amor havia congelado ou bloqueado.

A "tortura em cadeia" quando o casal dá vazão aos seus piores sentimentos

Quanto mais nos aproximamos um do outro, mais profundamente nos tocamos — às vezes em nossas feridas mais profundas e mais secretas. Se usarmos nossa capacidade de integração, estaremos, a cada vez, diante de uma maravilhosa oportunidade de curar, de crescer, de aprofundar nosso conhecimento de nós mesmos e da outra pessoa.

Entretanto, isso se torna difícil quando a reação do meu companheiro ao seu ferimento toca minha ferida e, por sua vez, minha reação toca a ferida dele. Então, transformamo-nos, reciprocamente, em espinhos na ferida do outro, como se fôssemos gancho e colchete — uma prova de fogo para qualquer relacionamento.

Thomas e Elsa trabalhavam já havia um bom tempo com os amaridianos, quando se depararam com uma situação dessas.

A mãe de Thomas dominava-o o tempo todo e não lhe dava espaço nem para respirar. O pai de Elsa se afastava quando ela queria alguma coisa dele e a deixava sempre desamparada.

Assim que Elsa, por causa do seu medo de ser abandonada, começou a se apegar demais a Thomas, ele se sentiu sufocado e se distanciou, fazendo com que ela se sentisse abandonada e se apegasse ainda mais a ele, que por sua vez...

Finalmente, eles acabaram fazendo um pacto de apoio mútuo. Um dos aspectos desse acordo foi o que eles chamaram de "ritual de interrupção". Assim que um dos dois percebia que ia dar início ao processo de tortura em cadeia, usava o ritual de interrupção para desprender o "gancho" e tornar o acontecimento consciente.

O "*ritual de interrupção*"

Cada parceiro terá de encontrar um gesto que expresse seus piores sentimentos no instante em que é desencadeado o processo de tortura em cadeia. A partir de então, assim que um parceiro se conscientiza desse processo e faz o gesto, o outro responde com o gesto combinado anteriormente. A energia que, caso contrário, seria desperdiçada no processo de tortura em cadeia é aproveitada nesses gestos. O processo torna-se consciente e não é mais desencadeado. Se os dois, mesmo depois do ritual de parada, se deixaram levar pelos sentimentos da tortura em cadeia, podem aproveitar essa oportunidade para se entender e zelar pela relação.

Empregando-se o ritual de interrupção, a parte de nós que viveria em meio a situações de tortura em cadeia ganha o brilho da consciência e às vezes também um desembaraço notável. É aconselhável resolver o problema por partes.

O gesto, convencionado por Thomas, que indicaria a interrupção foi o seguinte: ele estenderia a palma da mão na direção de Elsa e gritaria: "Pare — deixe-me em paz!"

E Elsa, para indicar a interrupção esticaria os braços, suplicante, na direção dele e diria: "Pare — não me deixe sozinha!"

O ritual de parada pode ter várias formas ou consistir apenas de gestos e sons. É importante que ele "seja preciso", que expresse os sentimentos mais importantes da tortura em cadeia.

Caso o "tema básico" desempenhe um papel crucial na tortura em cadeia, a mágoa que um parceiro provoca no outro pode ser bem profunda. É bom recordar: o tema básico é uma conclusão a que chegamos sobre nós mesmos devido a um abandono anterior que nega o valor da nossa existência, o maravilhoso âmago do nosso ser. Por exemplo: "Não sou bom o suficiente", "Sou culpado", "Não sou desejado (como mulher/como homem)".

(Veja também: "Alguns pontos decisivos na expansão dos amaridianos", na página 123.)

Eis um exemplo de tortura em cadeia aliado ao tema básico:

Inconscientemente, Maria parte do princípio de que "não é boa o suficiente". Ela tenta resolver isso esforçando-se o tempo todo para ser valorizada. E está sempre frustrada, achando que não foi boa o suficiente. Tudo que não é elogio ela considera uma crítica e uma exigência para que seja melhor. Se não conseguir concretizar suas expectativas de realização, ela facilmente entrará em pânico e se desesperará.

O companheiro dela, Peter, inconscientemente, parte do fato de que a vivacidade dele, sua vida, não agrada Maria, e isso, a princípio, o torna culpado. A maneira que encontrou para tentar equilibrar as coisas foi manter-se extremamente distante, castigar-se por meio de doenças e insucessos e tentar à força se adaptar e fazer o bem — tudo para pagar sua "dívida".

O que costuma acontecer é o seguinte: Maria se aferra ao seu perfeccionismo e fica cada vez mais rígida e infeliz. Peter, já bastante contido e travado, procura agir sempre da maneira certa com ela — naturalmente em vão. Ele não se sente amado e encara a infelicidade dela como uma acusação da culpa dele.

De repente, não suportando mais a pressão decorrente de sua forma contida de ser e o sacrifício que faz, ele "explode". E, de acordo com seu tema básico, de um modo ofensivo e contundente. Ele a acusa de pressioná-lo; ela se sente rejeitada e pensa que é porque ela "não é boa o suficiente". Ele se arrepende de sua explosão e recomeça, em seu círculo de culpa, um novo ciclo de repressão e conseqüente explosão violenta. Assim, ambos iniciam, sem saber, uma tortura em cadeia.

Primeiro, a má notícia: mesmo depois de termos curado grande parte do nosso tema básico e, de certa forma, de estarmos convencidos do valor de nossa existência, a pessoa que se encontra mais próxima de nós pode facilmente aniquilar de novo nosso empenho para assumir o nosso valor. "Se até mesmo ela... (não me leva a sério, não me acha bom o suficiente, acha que eu sou culpado, etc.), então deve ser verdade que eu...!"

Quando o companheiro traz à tona com freqüência nossos piores sentimentos, nós nos sentimos extremamente não-amados. Nesse caso, não somos capazes de acreditar nem em suas provas de amor mais evidentes. Quando ambos solucionarmos o problema de nosso tema básico, a princípio parecemos muito distantes de nossa essência — sem falar de nossa disponibilidade para amar. Se a tortura em cadeia permanece inconsciente, torna-se, cada vez mais, uma ferida aberta ou conduz à separação.

Agora, a boa notícia: assim como o tema básico nega a nossa essência, ele também é capaz de liberá-la, quando o solucionamos. Ao nos conscientizarmos de como devemos resolver mutuamente nosso tema básico, podemos transformar a tortura em cadeia num pacto de apoio mútuo, um projeto de crescimento em conjunto com um enorme potencial.

Quando o tema básico desempenha um papel na tortura em cadeia, eu recomendo que o casal se apóie não apenas no ritual de interrupção, mas também nos exercícios para a resolução do tema básico. Estes se encontram nos treinamentos sobre o tema básico.[5]

Eu mesmo já passei pela experiência de ver como uma tortura em cadeia, que estava conduzindo a mim e à minha companheira a uma separação, transformou-se graças a um pacto de apoio mútuo desse tipo. As velhas feridas, que antes cutucávamos mutuamente, tornaram-se pontos de contato bastante íntimos. Nos pontos em que nos feríamos dolorosamente, agora nos tocávamos num apoio recíproco.

O que antes nos levava à ruptura agora nos unia com agradáveis experiências comuns: presenciamos como nosso autêntico ser se expandia a partir dos pontos mais doloridos e ao mesmo tempo fundamentais de nossa personalidade. Juntos vivemos um grande crescimento espiritual.

Homens e mulheres — os mesmos direitos, apesar das diferenças

Entre os pontos decisivos do quarto amaridiano, estão também as diferenças entre homens e mulheres. No começo do livro, mencionei o quanto a disputa inconsciente entre os sexos costuma afetar nossos relacionamentos. Agora eu gostaria de enfocar o tema homem-mulher do ponto de vista da comunicação.

Enquanto, no início do namoro, as diferenças entre homens e mulheres contribuem para a atração, mais tarde elas acabam, muitas vezes, se tornando uma pedra no caminho. Homem e mulher parecem falar, de repente, uma língua totalmente diferente a respeito de várias coisas. "Você não me entende!" é o que costumamos ouvir quando tentamos superar a distância. Um abismo de incompreensão se abre entre os dois.

A diferença entre os sexos é um assunto delicado. Durante milênios, os homens disseram às mulheres que elas não sabiam fazer negócios, dirigir uma empresa, fazer política, ser ministras religiosas, etc. Com a alusão a suas características femininas, as mulheres eram afastadas da vida pública e reduzidas à obrigação de fazer sexo, ter filhos e cuidar dos afazeres da casa.

Para lutar contra isso, surgiram as exigências do movimento feminista. Alguma coisa as mulheres conseguiram. Mas, em parte, a igualdade de direitos foi entendida como a supressão das diferenças. E, assim, as mulheres passaram a imitar os homens para ser reconhecidas no mundo masculino. Cultivou-se o tipo da mulher que faz carreira, sobrepujando mesmo os homens "mais durões" com qualidades até então chamadas masculinas, bem como o talento para os negócios, a coragem de se impor, etc. Um ditado muito repetido, nesse contexto, dizia o seguinte: "As mulheres devem produzir o dobro para obter o mesmo reconhecimento que os homens — por sorte isso deixou de ser tão difícil."

Quem aponta para as diferenças entre homens e mulheres nesse campo talvez seja acusado de estar defendendo a repressão das mulheres. Mas essas diferenças não têm nada que ver com repressão.

O que é tipicamente feminino e masculino? Essa questão não deixa de existir; sempre reaparece. Ela também não é fácil de ser respondida: o que, quarenta anos atrás, poderia ser entendido como uma resposta adequada, hoje não é mais válido. As imagens dos papéis representados estão em revolução, cada vez mais as mulheres assumem na profissão e na sociedade tarefas que antes eram exclusivamente masculinas. As qualidades "femininas", tais como sensibilidade, espírito de equipe e competência emocional, são cada vez mais valorizadas também em cargos de chefia.

"O que é ser mulher e o que é ser homem?" Para responder a essa pergunta, temos de fazer pesquisas individuais. Como material para sua própria pesquisa, há muitos livros com excelentes sugestões.[10]

"O que é masculino em mim, o que é feminino?" Fazer essa pergunta é imprescindível. Entretanto, no que diz respeito à comunicação, no quarto amaridiano, uma outra coisa é decisiva: quando se trata de tornar compreensíveis nossas diferentes maneiras de pensar e de agir, precisamos primeiro aceitar que, de fato, elas são diferentes. Se essas diferenças nos foram inculcadas ou se são a herança de milhares de anos de história da humanidade, isso já tem um interesse secundário nesse contexto.

"Os homens vieram de Marte, as mulheres de Vênus." É assim que John Gray vê o problema em seus livros, bastante elucidativos.[10] E ele tem razão. Segue-se um típico mal-entendido entre homem e mulher:

A mulher está estressada e quer simplesmente se comunicar. Ela precisa de alguém que a ouça, sem ficar o tempo todo dando conselhos. Quando a mulher se queixa, o homem pensa que ele tem de solucionar os problemas. Ele diz a ela que tudo aquilo não é tão ruim ou lhe oferece soluções. Se os seus valorosos conselhos não são bem recebidos, ele se sente pessoalmente rejeitado ou derrotado. Quando ele não a ouve com atenção, mas apenas lhe dá conselhos, ela sente que não foi levada a sério quanto aos seus sentimentos, que não foi entendida nem valorizada.

Vamos avaliar essa situação num contexto mais amplo. Os homens são orientados para o sucesso. Ao resolver problemas objetivamente, eles fortalecem sua consciência do valor dos homens. Interessam a eles coisas que produzam algum efeito. Inclusive as grandes coisas que movem o mundo.

As mulheres são orientadas pela qualidade dos relacionamentos. Uma mulher sente-se segura e valorizada quando sabe que seus relacionamentos são satisfatórios. Ela é capaz de valorizar pequenas coisas e gestos que atestam a qualidade dos relacionamentos no dia-a-dia. Ela se interessa por sentimentos, pois, quando eles são compartilhados, os relacionamentos se tornam vivos.

Assim como antigamente, quando era caçador, o homem procura avistar o horizonte, orientar-se e perseguir seu objetivo. Quando está estressado, precisa ficar em silêncio, retrair-se e encontrar uma solução com a cabeça fria.

Assim como antigamente, na comunidade tribal ou da aldeia, uma mulher estressada procura a oportunidade de compartilhar seus sentimentos numa atmosfera familiar e assim encontrar um meio de desabafar.

Quando se trata de entendimento entre homem e mulher, vale a pena levar em consideração no mínimo essas diversidades típicas.

A partir de então, precisamos ter uma atitude na qual nossas diferenças como homem e mulher não diminuam de modo algum nossa igualdade de direitos, na qual nossas diferenças sejam um motivo complementar para sabermos mais um em relação ao outro, com respeito e com uma curiosidade cheia de amor.

Dessa forma, o encontro com o outro sexo nos ajudará a descobrir nosso papel como homem ou mulher, para testá-lo e desenvolvê-lo de maneira nova. O encontro é enriquecido com as diferenças do outro sexo.

Com isso, seremos capazes de reconhecer com mais facilidade: "Onde sou diferente? Sou diferente nisso, porque aprendi que (menino de verdade não chora, uma menina boazinha não responde mal)? Sou diferente porque a sociedade espera isso de mim ou porque essa é a minha natureza?"

Quando aceitamos e pesquisamos com amor as diferenças entre os homens e as mulheres, o amor flui mais facilmente apesar das nossas diferenças, e não ficamos estagnados na incompreensão.

Dois "pontos decisivos" do quinto amaridiano: a fusão

As capacidades que o quinto amaridiano desperta em nós, e cujo desenvolvimento ele estimula e exige, são as de confiar, de se entregar, de deixar as próprias fronteiras se fundirem.

O que nos faz viver a maior união e fusão, o que nos proporciona o desenvolvimento mais forte do quinto amaridiano? Embora o quinto amaridiano não dependa do sexo, a fusão sexual pode resolver nossa existência em separado de forma muito eficaz.

Gostaria de mencionar aqui dois obstáculos com que costumamos nos deparar: um deles é a "educação machista" dos homens; o outro, as mágoas restritivas do passado.

É verdade que a educação machista não tem mais o mesmo efeito que há quarenta anos; entretanto, ela ainda contém um conceito de sexualidade que torna difícil, principalmente para os homens, entregar-se. De acordo com esse conceito, o homem deve fazer a mulher chegar ao orgasmo com sua virilidade, com sua atitude. O homem deve ser forte, "cuidar dela". Confiar, entregar-se, isso é coisa de mulher, é feminino.

Segundo a antiga versão da educação machista, ser homem significa conquistar a mulher e ser forte, de modo que, em vista de sua masculinidade, a mulher não possa fazer outra coisa senão se entregar. Segundo a nova versão, mais refinada, ser homem significa conquistar a mulher, seduzi-la para que ela se entregue; ser um amante versado com boa técnica de amor; fazê-la chegar ao orgasmo. Conclusão: fazer é masculino; entregar-se é feminino.

Essa educação machista impede o homem não apenas de desenvolver suas capacidades no quinto amaridiano; ela também é fatal para o desenvolvimento de sua força sexual: quanto mais um homem tenta ser forte no sexo, menos ele consegue liberar toda a força da energia sexual. Contudo, quanto mais um homem consegue se entregar à energia sexual, mais fortemente ela flui através dele.

A educação machista tem um efeito sobre o homem que atua diretamente contra o quinto amaridiano, pois, quanto mais o homem tenta controlar o sexo pela ação, menos a mulher, por sua vez, consegue se entregar. Quanto mais o homem usa o sexo para comprovar sua masculinidade e exibir sua força, mais a mulher luta contra isso.

Se os dois, homem *e* mulher, não se entregarem ao amor, é até possível que eles consigam, de fato, se estimular e se satisfazer, mas não sentirão a fusão, que inclui os dois amantes.

Os homens que estão prontos a se libertar da obrigação do "fazer" no encontro sexual — que estão prontos a se entregar ao fluxo efetivo da energia sexual — conseguem três coisas: mais capacidade de se entregar, um fluxo mais forte de força sexual e a expansão de seu quinto amaridiano, com experiências de profunda fusão.

Outro obstáculo para a expansão do quinto amaridiano são os sentimentos antigos com relação aos nossos limites pessoais, que ainda não foram esquecidos.

Infelizmente nós, na maior parte das vezes, vivemos de tal modo, que nossa auto-estima e dignidade humana foram atacadas das maneiras mais diversas e continuam sendo. Esses ataques vão da simples falta de atenção com relação à nossa dignidade como seres humanos, passando pelo abuso psíquico e físico, até o abuso sexual de crianças pequenas. O abuso sexual quase sempre afeta o quinto amaridiano de modo especialmente profundo, oculto, múltiplo e devastador.

Com relação a todos esses ataques, é importante entender o seguinte: sentimos um ataque à nossa dignidade humana com nossa percepção do que seja essa dignidade; sentimos um ataque à nossa auto-estima com nossa percepção do que seja auto-estima. O mesmo acontece com relação ao nosso senso de segurança ou com os limites que estabelecemos com relação a nossa intimidade: sempre percebemos que estamos sendo atacados em nossas qualidades interiores com a percepção que temos dessas mesmas qualidades. Se não tivéssemos uma idéia própria do que seria a dignidade humana, como sentiríamos, quando ela fosse violada?

O que sentimos como ataques às nossas qualidades interiores nada mais são do que os movimentos do conceito que temos a respeito dessas qualidades. Assim, nossos sentimentos acerca do ataque à nossa dignidade humana não são outra coisa senão o senso da nossa dignidade em movimento. Isso quer dizer o seguinte: nesses sentimentos não há nada de negativo! Ao contrário — nós precisamos deles para poder curar o ressentimento gerado pela violação dos nossos limites. Significa também que, no lugar em que mantemos segregados e reprimidos sentimentos não trabalhados concernentes a um ressentimento, não se encontra totalmente à nossa disposição o conceito que temos acerca da qualidade interior que foi violada.[1]

Na mesma medida em que nós, por exemplo, não conseguimos trabalhar um sentimento gerado por uma situação em que sentimos nossa segurança ameaçada, também não conseguimos mudar os sentimentos que definem esse senso de segurança. Ele fica então, em parte, congelado num retesamento crônico. Como podemos entregar-nos a uma fusão sem estar relaxados e seguros?

Se o limite de nossa esfera íntima pessoal tiver sido atingido, e ainda estiver estagnado numa posição dolorosa, cheia de angústia, como estaremos aptos a dissolvê-lo prazerosamente? A dissolução dos limites já nos foi imposta — agora precisamos recuperar, impor fronteiras!

Se tivermos sido forçados à "entrega", se a tivermos vivido como impotência, como poderemos nos entregar por completo? Se tivermos experimentado a sexualidade como um abuso ou como dominação gradual, como conseguiremos apreciá-la com prazer?

Se o que restringe nosso quinto amaridiano são violações antigas e não conscientizadas dos nossos limites, é necessário aceitar os sentimentos correspondentes e assim curar as velhas feridas.

É muito importante compreender bem o que está ocorrendo: as situações passadas não existem mais — elas não podem mais nos prejudicar! O que ainda existe são nossos sentimentos referentes a elas. Estes não representam nenhum perigo, pois são respostas adequadas ao que aconteceu e querem ser sentidos, aceitos e utilizados. Assim, recuperamos espaço para nossa dignidade humana e nossa auto-estima, nossa segurança na Existência e o direito de dispor de nossa esfera íntima.

Sobre esse assunto, sugiro especialmente a leitura do meu livro *Leitfaden zur Heilung von sexuellen Kindesmißbrauch* [Guia para a superação do abuso sexual infantil], visto que os ferimentos, nesse caso, são compostos de várias camadas.[3]

Devemos nos relacionar um com o outro a partir da nossa própria essência

Quando estamos apaixonados há pouco tempo, ficamos subjugados demais para sentir e agir apenas de acordo com nossa personalidade habitual e limitada. Fazemos coisas que nossa razão abominaria, pois tacharia de infantil, irracional e sem importância. A janela está escancarada demais para encontrarmos um ao outro a partir da nossa essência. Nós nos achamos em nosso âmago — lá onde estamos unidos a tudo e onde nosso espaço interior é ilimitado. Mais tarde, aprendemos a conhecer nossa personalidade com suas peculiaridades, seus ferimentos e suas estratégias para evitar certas coisas. Resvalamos em nossas limitações e reagimos progressivamente um contra o outro, com base nas estruturas habituais. O reconhecimento recíproco de nossa essência se reduz aos momentos de intenso encontro amoroso, que se tornam cada vez mais raros.

Então, no momento em que mais precisamos — em épocas de crise —, parece impossível relacionarmo-nos com base em nossa própria essência.

O que podemos fazer?

Em primeiro lugar, aceitar os sentimentos que afloram. Fazendo isso, possibilitamos o encontro de nossos seres. Em segundo lugar, cultivar de modo direto o encontro a partir da nossa própria essência. Como isso é possível?

União com a essência

Primeiramente, devemos fazer alguma coisa que nos una à nossa essência, ao nosso ser, ou que simplesmente nos pareça boa. Seja o que for: dançar, caminhar, passear, meditar, rezar, trabalhar com os amaridianos, tomar um banho demorado, etc. O importante é fazer algo que nos dê satisfação e nos propicie o encontro imediato com o parceiro.

O próximo passo é o encontro: colocamo-nos um diante do outro, fechamos os olhos e sentimos mais uma vez a extensão do bem-estar em nós. Inspirando, abrimo-nos para o alto e nos erguemos cada vez mais; ao expirar, liberamos a tensão pelas pernas e pelos pés, até o chão. Depois, enquanto a respiração prossegue, oscilamos algumas vezes de maneira quase imperceptível para a direita e para a esquerda e, em seguida, para a frente e para trás. Essa oscilação faz com que sintamos num ritmo progressivo o eixo que nos eleva entre a terra e o céu. Relaxamos cada vez mais na dimensão a partir da qual experimentamos tudo.

Depois abrimos os olhos bem devagar e mantemos o olhar distante, sem querer fixar alguma coisa específica apenas como uma abertura pela qual nosso parceiro e o mundo possam entrar em nós.

Então, nos deixamos surpreender pelo encontro com o outro. Sentimentos como medo, tristeza, vergonha, desejo de se impor, etc., talvez queiram brotar em nós. Nós os aceitamos e relaxamos ainda mais profundamente, de forma que possamos percebê-los.

Também é possível que percebamos esses mesmos sentimentos no olhar do companheiro. Então sentimos em nós mesmos a possibilidade de conhecer esses sentimentos e relaxar ainda mais profundamente... Olhamos adiante, além do ponto em que os sentimentos afloram. Para a dimensão do outro, a partir da qual ele percebe os seus próprios sentimentos. Ao mesmo tempo, relaxamos cada vez mais nesse mesmo espaço em nós e deixamos o olhar do parceiro nos envolver.

Depois de um tempo, nos saudamos. Olhamo-nos de novo nos olhos, conscientes da essência presente em ambos. Isso pode acontecer em silêncio ou também por meio de um gesto ou de uma palavra. Algumas pessoas acham interessante a saudação hindu: as palmas das mãos uma contra a outra, diante do peito, diante do pescoço ou na altura dos olhos. É possível, ainda, dizer certas palavras ou frases para complementar a ação: "Eu saúdo a luz em você!"

Naturalmente, não precisamos começar sempre com esse procedimento para nos encontrarmos em nossa essência. Toda vez que nos sentirmos unidos ao nosso ser, podemos aproveitar a oportunidade para lançar um olhar profundo na essência do outro.

Observações a respeito do aspecto sexual do relacionamento

Sexo em apuros?

Não faz muito tempo que tudo o que era ligado ao sexo estava coberto de tabus morais. Depois da "liberação sexual", espera-se de nós, mais ou menos em silêncio, que sejamos sexualmente desinibidos. Entretanto, não se pode falar de uma verdadeira liberação sexual.

De certo modo, nossa sexualidade está sofrendo uma tremenda pressão: por um lado, ainda somos inibidos pelos efeitos de uma educação que continua sendo inimiga do prazer; por outro, os ideais modernos de desempenho nos desafiam a uma vida sexual que se torna cada vez mais um esporte mecânico praticado no colchão.

Se antigamente, para nosso desenvolvimento sexual, precisávamos nos libertar das garras de tabus arraigados, hoje é necessário que criemos espaço para duas coisas: superar as inibições geradas por uma vergonha adquirida e deixar de lado a preocupação excessiva com o desempenho.

Em ambos os casos, é importante abrir nosso corpo para as correntes espontâneas de nossa energia sexual. Para isso, há muitos métodos e bons livros. Terapia do corpo, bioenergética, Vivation®, Tantra, etc. ... Se o corpo estiver aberto para o fluxo das energias sexuais, os métodos de ajuda, os catálogos com técnicas e posições complicadas deixam de ser necessários. Simplesmente seguimos nossa energia sexual.

Porém, em algumas dessas técnicas corporais, é bom notar que a preocupação com o desempenho não é afastada totalmente. Pelo contrário, ela surge quando tentamos atingir forçadamente um objetivo (o orgasmo múltiplo! — o orgasmo dos sonhos!), em vez de nos confiarmos ao acontecimento espontâneo.

Uma coisa que também nos ajuda a controlar a preocupação com o desempenho é mudar conscientemente de atitude: excluir a idéia de sexo como pura satisfação de uma necessidade e eliminar a preocupação de provar nosso valor como homem ou como mulher — o sexo é apenas uma forma de comunicação.

Concretamente, isso significa dar-se muito mais tempo. As pausas também embelezam o encontro sexual. Durante essa pausa, podemos conversar de coração para coração, e, quando o erotismo nos envolve mais uma vez, seguimos novamente essa energia.

Um passo que nos ajuda a resolver problemas de vergonha — ao lado das técnicas corporais — é adquirir um posicionamento benevolente com relação à parte de nós que sente vergonha. Ao final, essa parte indicará que estamos prontos a superar uma limitação, o que antes parecia difícil de conseguir.

Sentir vergonha e, se quisermos, aceitá-la e continuar sentindo-a — isso nos liberta. O próximo parágrafo é dedicado especialmente ao problema da vergonha, do pudor.

Sexo — a ponte entre nosso lado espiritual e nosso lado animal

Além da educação de anos a fio que nos induz à vergonha e à culpa no que diz respeito ao sexo, existe ainda um motivo interior que justifica o fato de, em muitas culturas, a sexualidade vir imbuída de vergonha: no sexo estamos muito próximos do que há de animalesco em nós, e o ser humano gostaria muito de ser diferente do animal.

Entretanto, o sexo não é apenas animalesco, mas também espiritual. Quem, alguma vez, se envolveu profundamente num encontro sexual deve ter sentido como a razão fica em repouso, calada; como tudo o que estava separado se funde; como, por alguns segundos, a porta se abre... para alguma coisa que abrange tudo, uma coisa que alguns chamam de universo, outros de Existência e outros, ainda, de Deus.

O sexo pode ser a ponte entre o nosso lado animal e o espiritual. Para isso, precisamos aceitar o que há de animal em nós. Só então seremos capazes de conhecê-lo conscientemente, só então conseguiremos estender a ponte. Se nos recusarmos a aceitar em nós o que há de animalesco, destruiremos um dos pilares de sustentação da ponte.

Uma determinada parte de nós *é* animal, ou, melhor dizendo, um mamífero. O que *em essência* nos distingue de fato do animal? Alguns dizem que é nossa capacidade de pensar. É claro que eles se referem não à consciência humana, cujo potencial está longe de ser totalmente compreendido. Eles se referem à razão. Mas será essa realmente a diferença fundamental? Aliás, a razão pode ser encarada como um tipo de arma que, na falta de dentes maiores e de garras, acabou se criando na luta pela sobrevivência. Os três mandamentos mais urgentes eram exatamente assegurar a alimentação, proteger-se da iniqüidade da natureza e impor-se contra concorrentes e inimigos.

As características essenciais dessa função primitiva são reveladas em seqüências típicas de pensamento, tais como "O que vai acontecer agora? Como devo reagir, para tirar proveito disso?" Nosso órgão do pensamento é extremamente desenvolvido — sim, mas mesmo a vara de pescar mais moderna não está muito distante da vareta com que um macaco puxa para si uma banana; um foguete distingue-se, é claro, gradativamente, mas não em essência, do coco arremessado por um macaco.

Sim, nossa razão, nosso órgão do pensamento, é um instrumento maravilhoso de nossa força de criação. Quando o utilizamos para pensar — assim como usamos a mão para pegar alguma coisa —, ele pode nos servir da melhor maneira possível.

O problema surge apenas quando agimos como se nos tornássemos seres humanos por meio da razão. Nesse caso, identificamo-nos com a razão, e fica difícil existir fora do seu âmbito. Então fica difícil estar presente na pelve, no coração e no espírito.

Com a razão, produzimos tecnologia extremamente avançada para dominar a natureza, como também os mais terríveis sistemas bélicos — mas o que nos distingue de fato dos animais?

Quando o coração se abre e demonstra compaixão e amor incondicional, será que o animal em nós não deve participar? Quando se trata de arte

— escultura e pintura, música e dança —, não é necessário que ela se una ao sensual, ao animal, para aprimorar-se?

Se "reconhecer a si mesmo, se estar consciente de si mesmo" é o aspecto humano decisivo, não deveria estar incluído aí o animal?

Dizendo de uma maneira provocativa, nós, seres humanos, talvez sejamos isso: animais com o potencial para o crescimento espiritual — animais espirituais.

Assim que levamos em consideração o nosso despertar espiritual, muita coisa acaba entrando nos eixos. Não precisamos mais — para marcar a diferença — negar o animal que há dentro de nós e nos identificar com a razão.

Então podemos deixar em paz aquele pilar de sustentação da ponte que há dentro de nós e nos prepararmos para descobrir nossa dimensão espiritual. Podemos ficar em paz com o fato de que ser uma pessoa também significa passar de uma criatura animal para um ser consciente de si mesmo, uma criatura espiritual.

Agora vou propor um exercício que talvez tenha um efeito singular. Porém, às vezes, experiências singulares são bastante instrutivas!

Observe um gato e pense, enquanto faz isso: "Sou um animal espiritual." Observe um macaco e pense: "Sou um animal espiritual." Da próxima vez que você fizer sexo, pense: "Sou um animal espiritual." Desfrute o que existe em você de animalesco, com toda a consciência! Talvez você perceba que dessa forma o sexo se aprimora.

Se observarmos os animais durante o ato sexual, notaremos que eles parecem realizá-lo de um modo puramente instintivo, como uma necessidade natural, desfrutando-o relativamente pouco.

Desfrutar o sexo e gozá-lo, unir nele o animal e o espiritual, é um privilégio do ser humano.

Essa maneira de pensar talvez o ajude a superar de forma consciente os baluartes da vergonha enraizados profundamente no nosso íntimo. E se então você se livrar da preocupação com o desempenho, terá criado espaço para que todo o potencial que existe no sexo se revele e se desenvolva.

Segue-se um exercício, levemente adaptado, para a união do sexo, da consciência e do sentimento, extraído do livro *Feuer der Sinnlichkeit* [Fogo da sensualidade], de Gabrielle St. Clair e Michael Plesse.[4]

Diálogo entre o sexo e o coração

Deite-se confortavelmente, com uma mão no coração e a outra sobre o centro do seu sexo (baixo ventre). Respire de modo a unir seu coração ao centro do seu sexo. Por exemplo, você pode inspirar pelo coração e expirar pelo centro do sexo. Para a maioria dos homens, essa é forma mais fácil; para muitas mulheres, parece melhor inspirar pelo centro do sexo e expirar pelo coração. Experimente e descubra de que forma você recebe primeiro o sentimento de uma união energética, ou até mesmo de um movimento circular entre coração e sexo.

Depois de ter desfrutado essa sensação por um tempo, dirija toda a sua atenção ao órgão sexual e pergunte a ele como se sente quando você pratica sexo. Deixe-se surpreender! Talvez seja incomum esperar que um órgão possa responder. Entretanto, todas as partes do nosso corpo participam à sua maneira da nossa vida. Talvez elas tenham mensagens importantes, bastante próprias, para nós, mensagens que somos capazes de receber, se nos abrirmos para isso. Portanto, ouça com atenção e atente para imagens e sensações físicas. Pergunte exatamente o que o seu órgão sexual deseja. Depois, pergunte ao seu coração o que ele sente quando você pratica sexo, e também o que ele acha do que o seu órgão sexual disse a respeito. Se você ficar satisfeito com esse diálogo, logo na primeira vez, respire novamente, levando o ar para o sexo e para o coração. Provavelmente, você sentirá mais união entre coração e sexo. Se quiser, pode dar um passo adiante: posicione sua atenção um pouquinho acima das sobrancelhas, no meio da testa (chakra da testa[6]) ou logo acima do topo da cabeça (chakra da coroa). Talvez você consiga entrar em contato com essas partes de você (visão; consciência, dimensão espiritual) e perguntar-lhes como elas se sentem quando você pratica sexo e o que querem para si mesmas, para poder participar ainda mais.

Este é um exercício do Tantra, uma prática que tem raízes milenares e que atualmente passa por um novo renascimento. A maioria dos exercícios do Tantra é adequada sobretudo para fortalecer o quinto amaridiano.

Sexo e o fortalecimento do quinto amaridiano

Num encontro sexual, sempre nos deparamos com pensamentos como: "Será que estou fazendo certo?", "Agora com certeza ele/ela vai querer...", "Agora vou mostrar a ele/ela...". Esses pensamentos partem do princípio de que temos de fazer e controlar tudo. Eles podem nos afastar daquilo que está querendo acontecer e, dessa forma, interromper a energia.

Quando nos ocupamos conscientemente com o fluxo de energia no quinto amaridiano, sentimos sua característica e a ancoramos em nós. Então, às vezes, basta nos lembrarmos dele, sintonizarmos nele, para que a energia volte a fluir. Uma atitude que também ajuda é imaginar ou pronunciar a frase-chave ou a frase da corrente do quinto amaridiano, participando intimamente. Segue-se um exemplo.

Andreas:

"Em meio ao maior delírio de amor, comecei a me sentir como se, de certo modo, eu tivesse sido amputado de mim mesmo. Eu estava começando o ato e pensei: 'Agora, com certeza, ela vai querer que eu vá em frente com impetuosidade', mas eu não estava sentindo nenhuma alegria. Alguma coisa não estava se encaixando. Era cansativo e, de certo modo, faltava alma. Assim não ia dar certo. Dei uma parada e notei como o agente em mim se descontraía.

Isso foi bom. Lembrei-me do quinto amaridiano, 'Desfruto a união que já temos e me abro por inteiro, até nos fundirmos totalmente um no outro.' Depois de uma pequena pausa, começamos a nos mover num ritmo bastante diferente. Puxa! O ritmo descontraído e aquela energia de erotismo tomaram conta de mim — aquilo fluía em mim, na minha barriga e no meu coração, forte e quente, e aos poucos o ritmo foi se acelerando. Não era eu! Era como se o ritmo simplesmente tivesse tomado as rédeas. Ingrid produzia uns sons estranhos que mexiam comigo. Fiquei com medo, senti que alguma coisa em mim ficava tensa — então lembrei-me de novo do quinto amaridiano. Era como se eu fosse trocar a marcha — consegui relaxar novamente, a onda me pegou de novo, consegui me entregar mais uma vez à energia e ao ritmo mútuo; era como estar surfando numa grande onda, e páa!..."

Ingrid:

"A princípio estava bem legal, mas de repente eu não estava tendo mais nenhum contato com ele. Era como se ele fosse um estranho. Notei como me afastei dele. Eu mal o sentia, mas ele continuava a se mexer — como se funcionasse à corda, mecanicamente. Então coloquei a mão nas costas dele, puxei-o na minha direção, e ele entendeu. Ele deu uma parada. Ah, isso foi bom! E assim ficamos por um tempo — senti meu coração batendo por ele, e tudo estava bem e em paz e próximo. Como se viessem de longe, uma onda e um ritmo se aproximaram devagar. Pareciam ter surgido do nada. Senti-o profundamente e próximo de mim, de um jeito absolutamente novo. Aos poucos, o ritmo foi se acele-

rando, minha pelve começou a se mexer como se por vontade própria e de mim vieram sons, bem de dentro da minha barriga — sons que nunca pronunciei antes, que me assustaram por causa de sua selvageria! De repente, voltei para mim, como se o encanto tivesse ido embora; senti que alguma coisa dentro de mim se retraía. Então, lembrei-me do quinto amaridiano — e foi como se eu tornasse a saltar da margem para dentro do rio... e, ah, lá estava a onda, que continuou a nos carregar cada vez mais adiante e mais alto e agora, agora, agora..."

Quando o desejo erótico desperta...

Quando somos jovens, passamos por muitas mudanças. Uma das mais importantes é que amadurecemos como seres eróticos. O desejo erótico desperta, então, às vezes com tal força que sobrepuja todo o nosso ser. Mas ao mesmo tempo, na maior parte das vezes, temos pouca base nesse assunto, além de estarmos envolvidos com os estudos, o que nos deixa pouco tempo para isso.

Nessa época de despertar erótico, tanta coisa se modifica, que só falarei sobre esse tema superficialmente. Os seis amaridianos podem servir de guia para esses passos naturalmente inseguros. O mais importante é o primeiro amaridiano — sermos capazes de nos aceitar como somos no momento. Isso nos ajuda a assumir comportamentos como: "Eu não tenho coragem, estou tremendamente excitado, mas gostaria muito de convidá-lo/a."

O quinto amaridiano tem a capacidade de conduzir os passos novos e excitantes rumo à união e à fusão. Nos primeiros encontros sexuais, o quinto amaridiano ajuda os adolescentes a se afastar do angustiante "Será que estou fazendo certo?" e a se entregar ao fluxo de energia. Ele os leva a confiar no acontecimento espontâneo. No entanto, é bom que eles cuidem de se prevenir. (Essa recomendação não poderia faltar aqui.)

Quando o desejo se retrai...

Às vezes, de maneira inesperada, a paixão do desejo sexual desaparece. O fogo se apaga... Então talvez comecemos a nos preocupar e a buscar a qualquer custo o prazer sexual. Quando o procuramos de maneira compulsiva, ele acaba se esgotando mais ainda. Num caso desses, o melhor a fazer é deixar a sexualidade em paz e fortalecer os amaridianos. Se o fogo se apagou apenas num dos parceiros, mas continua a arder no outro, talvez surja um efeito desagradável: um deles sente-se rejeitado e o outro, ameaçado. Isso provoca muita tensão no encontro sexual. Seria melhor que se combinasse uma "quarentena de sexo", por exemplo, por duas semanas. Durante esse tempo, o casal poderá cuidar dos amaridianos, acariciar-se e desfrutar outras coisas — menos sexo. Se a energia do amor voltar a fluir, a energia sexual também será capaz de fluir de novo.

Quando, ao cuidar dos amaridianos, pretendemos dar uma mãozinha ao sexo, devemos dar atenção especial ao quinto amaridiano e expandi-lo com a frase-chave "Eu anseio pela total fusão com você".

Ao procedermos assim, e à medida que consideramos as objeções que surgem, temos condições de descobrir rapidamente onde se encontra soterrado o prazer. Uma possível objeção seria, por exemplo: "Pelo amor de Deus, você já está perto demais de mim!"

Se você achar necessário, recorra ao fortalecimento das frases-chave (à página 169) e trabalhe com essa frase-chave.

Em algumas situações, o prazer sexual desaparece por outro motivo: ficamos atraídos eroticamente por outra pessoa que não o parceiro; então reprimimos esse prazer e acabamos sabotando todo o nosso erotismo.

Os canais do desejo podem ser reabertos, se nos deixarmos sentir esse prazer de maneira consciente. Talvez possamos até mesmo dá-lo na forma de um abraço carinhoso ou pelo menos vivê-lo na fantasia. Caso o prazer sexual torne a fluir, voltaremos a sentir prazer com nosso companheiro.

Dessa forma, podem existir milhares de motivos pelos quais o apetite sexual se inibe. Se procurarmos por eles e tentarmos solucioná-los com amor e paciência, trabalhando com os amaridianos, o desejo despertará de novo.

Pensamentos como "Os anos de paixão e ímpeto se acabaram", "Depois dos quarenta o fogo se apaga", expressos em forma de lamentação e justificativa, geralmente revelam uma negação do desejo.

É bem diferente quando o fogo do amor diminui naturalmente.

Quando o desejo esmorece...

Paul e Judith são casados há trinta anos. Costumam passear de mãos dadas, sentam-se juntos numa atitude de compreensão silenciosa, conversam sem brigar ou visitam juntos os filhos. Em resumo, eles têm uma vida amorosa bastante ativa. Entretanto, o sexo não ocorre tão freqüentemente.

No caso de Paul e Judith, a atração erótica não diminuiu por causa de conflitos entre eles. Portanto, não há necessidade de fortalecer o quarto amaridiano. Eles também não estão doentes ou sobrecarregados de trabalho nem estressados. Sua familiaridade íntima não libera sentimentos de incesto nem nenhum medo diante da fusão. Trata-se de algo diferente.

O sexo em sua união cotidiana, tão íntima, desapareceu, fundiu-se. É como se um segundo casamento tivesse ocorrido na união crescente e constante entre eles: em cada um deles, a parte masculina e a feminina passaram a formar um todo. O conceito "o masculino encontra o feminino" transformou-se em "o masculino-feminino encontra o feminino-masculino". Por esse motivo, eles não se mostram mais tão fogosos.

Para Paul e Judith, isso não tem nada de trágico. Porém, um belo dia eles decidem atiçar novamente o fogo sob a chaleira de sua fusão.

Na noite seguinte, arranjam conscientemente tempo e espaço para um encontro amoroso. Paul providencia para que eles não sejam incomodados, pega um vinho na adega, escolhe uma música adequada e faz mais algumas coisinhas para criar a "atmosfera certa".

Depois de ter acendido uma vela perfumada e mais outras duas, Judith começa a se movimentar segundo o princípio feminino. Para isso, ela cria uma imagem interior de uma deusa do amor. Quando ela pensa nessa deusa do amor, é invadida por um sentimento de entrega, fecundidade e pela força da atração erótica.

Por sua vez, Paul fortalece em si, bastante conscientemente, o aspecto masculino. Ele não imita nenhum pretenso macho ou qualquer outro modelo de comportamento, mas simplesmente oscila de acordo com o princípio masculino, energético e transpessoal. Ele alimenta aquilo que é perceptível nele e dá espaço para o princípio masculino dentro de si. Entrega-se ao que vai ocorrer por meio da energia despertada nesse processo.

Dessa forma, o encontro sexual de Judith e Paul é comparável ao encontro de energias "arquetípicas" ou de duas divindades para um estar junto transpessoal e erótico. Essa atitude ajuda, de fato, vários casais, se estiverem interiormente permeáveis para a representação das "divindades eróticas", que podem ser Shiva e Shakti ou uma criação fantasiosa deles. O importante é que produza efeito.

Se essa representação de energia feminina e masculina parecer muito estranha a você, existe uma outra possibilidade: o fortalecimento da dimensão sexual dos amaridianos por meio de expansão e integração produz um efeito semelhante. Bons livros e seminários de Tantra também ajudam a encontrar novas perspectivas para o sexo.[4]

Aliás, um outro casal na mesma situação decidiu desistir do "sexo circunstancial" e usar o quinto amaridiano de maneira puramente energética para aprofundar sua união.

Quando devemos separar-nos?

Primeiro vamos avaliar o propósito dessa pergunta. Quando a questão da separação está em pauta, quase sempre é porque nos encontramos em conflito interior. Ficamos divididos entre a parte que quer se separar e aquela que teme a perda; entre a parte que não quer continuar daquele jeito e aquela que tem medo de cometer algum erro.

Nesse conflito, em tempos de crise, às vezes oscilamos várias vezes por dia de um lado para o outro. Essa oscilação desgasta e reforça, por seu lado, a tendência à separação. Não conseguimos mais agüentar a situação. Procuramos uma resposta universal que solucione o conflito individual. Mas, por mais lastimável que isso possa ser, essa resposta não existe. A solução está nos passos íntimos do nosso desenvolvimento, que estão diante de nós. Apenas nós somos capazes de buscá-la e encontrá-la.

Quando oscilamos entre ficar juntos e separar-nos, temos determinados pensamentos e sentimentos, que também estão relacionados com os passos íntimos do desenvolvimento pessoal que está por vir. Essa oscilação pode ser usada por nós para esclarecer de que passo se trata; ou para solucionar nossos conflitos interiores.

Todavia, há um elemento que é capaz de nos impedir de fazer isso: a tensão da decisão íntima. Quando interiormente exigimos de nós uma decisão imediata, assim que damos espaço ao pensamento de separação uma outra parte reage com medo e se volta para a direção oposta. No caso de uma decisão imediata, ao pensarmos em dar um determinado passo difícil em favor do relacionamento, a parte que está desgostosa com a relação se recusa a participar. Nessas oscilações dominadas pelo pânico, pelo estresse psíquico e pela pressão por uma decisão, é uma tarefa árdua encontrar os passos adequados e assim chegar à resposta apropriada. Seria bom se pudéssemos nos abrir e facilitar o caminho.

Eu gostaria, portanto, de reformular a pergunta da seguinte maneira:

Como podemos proceder, quando a questão da separação está em pauta? Em primeiro lugar, sugiro que amenizemos o desgaste que surge com a pressão interior por uma decisão. Num primeiro momento, não devemos decidir nada. O importante é nos darmos um tempo no qual possamos, várias vezes por dia, oscilar de um lado para o outro, sem precisar tomar uma atitude. Entretanto, é bom estipularmos que, ao final desse tempo, já teremos nos decidido.

Esse processo nos proporciona duas coisas: à medida que nos impomos um tempo para resolver alguma coisa, nosso interior se orienta para uma decisão. Sem a pressão de termos de nos decidir *imediatamente*, somos capazes de sentir e viver nossos dilemas de maneira completa e chegar a uma solução.

Durante esse período, podemos nos apoiar de diversas formas, ou pondo em prática as sugestões e os exercícios deste livro, propostas em reuniões com professores especializados nos amaridianos ou do Vivation®, ou mesmo fazendo uma terapia de casais.

Agora, apresento algumas sugestões para orientá-lo. Que aspectos se colocam quando a questão da separação está em pauta?

Naturalmente, às vezes somos levados a tomar decisões com o coração. E com isso não me refiro às oscilações do sentimento, que hoje pode estar de um jeito e amanhã de outro. Reporto-me a decisões que se formam no fundo do nosso coração; por exemplo, quando, apesar das grandes dificuldades em nosso íntimo, a decisão a favor do parceiro é irreversível; quando nosso amor se concentra numa outra pessoa; quando o próprio caminho de vida nos conduz a uma outra direção; ou quando o amor simplesmente chegou ao fim.

Contudo, em quantas separações se diz que o amor acabou, embora ele não tenha acabado mas esteja apenas magoado ou reprimido? Poder falar de uma decisão do coração exige que tenhamos acesso ao âmbito mais profundo do nosso coração, onde sabemos que não é possível nenhuma dúvida. A maioria das pessoas precisa de determinados exercícios para conseguir um acesso confiável a uma verdade tão profunda.

De acordo com minha experiência, raramente decisões do coração levam à separação. O que ocorre com muito mais freqüência é algo diferente: o coração quer amar, mas o caminho para a outra pessoa está obstruído. O amor está ali, mas o acesso a ele está impedido. Ele não é mais perceptível.

Na maioria das vezes, quando a questão da separação está em jogo, é preciso fortalecer o quarto amaridiano (encontro) e a dinâmica entre dar e receber (segundo e terceiro amaridianos).

Muitas vezes, tive a oportunidade de constatar como a purificação do quarto amaridiano foi decisiva na superação de crises de relacionamento. O fortalecimento desse amaridiano é responsável pela qualidade do encontro. Posso perceber o outro, conhecer seu íntimo acima de meus próprios limites? Será que consigo me relacionar de maneira eficaz com os sentimentos por vezes desagradáveis que meu companheiro provoca em mim? Se tiver que me separar interiormente desses sentimentos, precisarei me separar também exteriormente da pessoa que os provoca em mim.

De acordo com minha experiência, a falta de entendimento e a agressividade contínua são os motivos principais para a maioria das separações. No capítulo "Como podemos proceder, quando queremos salvar um relacionamento em crise", fiz algumas sugestões a respeito.

Outro ponto que também tem que ver com o quarto amaridiano é a questão de como devemos proceder com as diferenças. Às vezes, as diferenças parecem ser inconciliáveis. Então, vale a pena tentar descobrir, com uma boa conversa, até que ponto concordamos e a partir de que ponto, exatamente, começamos a divergir. Depois disso, é importante refletir sobre de que modo é possível incluir as diferenças restantes na multiplicidade comum. Talvez seja necessário, antes, que ambos se esforcem para chegar a uma posição comum. O capítulo "Discussão proveitosa", à página 181, apresenta alguns conselhos valiosos para isso.

Quando as diferenças se referem aos chamados "direitos de relacionamento", aos pontos nos quais não estamos prontos para nenhum compromisso fundamental (por exemplo, não-violência na discussão), o ponto crítico é atingido rapidamente.

Caso o entendimento esteja bloqueado, o fluxo entre dar e receber, ou seja, a dinâmica entre o segundo e o terceiro amaridianos, também se paralisa. Acontece o que descrevemos detalhadamente no capítulo "A dinâmica entre dar e receber", quando mencionamos que a "paralisação de ambos os lados leva a uma estagnação maior". O ponto de união entre os amantes se torna cada vez mais frágil. Surgem pensamentos como "Afinal, o que estamos fazendo aqui? Eu não estou recebendo nada do que realmente quero. Com ele (ou ela) nunca conseguirei ser feliz. Se quiser ser feliz, preciso me separar".

Nesse caso, é bom fortalecer diretamente o segundo e o terceiro amaridianos e tornar consciente a dinâmica e a possível confusão entre eles. Podemos estimular o fluxo recíproco do amor praticando os "Três passos para permanecer no fluxo de amor" e os exercícios "A linguagem do amor" e "Fortalecer o fluxo de amor recíproco". Quando nosso dar e receber mútuos também não estão acontecendo de maneira satisfatória, é porque provavelmente existem diferenças fundamentais naquilo que os parceiros querem receber e naquilo que eles desejam como realização no amor. Portanto, vale a pena descobrir em que medida podemos nos aproximar um do outro e estruturar o fluxo de amor recíproco de maneira satisfatória para ambos.

Mas o que fazer se o desejo mais íntimo e importante de Susanne é formar com seu companheiro uma dupla profissional de dançarinos e Paul não quer saber disso? Algumas pessoas dirão que eles devem se separar para dar espaço a um relacionamento em que ela possa satisfazer seus desejos mais importantes.

Na minha opinião, a melhor opção para ela é dar assistência aos seis amaridianos e sobretudo fortalecer o fluxo de amor recíproco. Se existir amor, haverá muito a receber. Paralelamente, ela pode se abrir para a total realização no amor. É possível que alguma coisa mude em Paul; talvez o relacionamento chegue ao fim porque apareça alguém com quem ela possa se realizar mais; talvez ela verifique que, no caminho para sua realização, também se encontra a ampliação desse desejo, mas não necessariamente sua satisfação.

Portanto, qual é a atitude certa: separar-se de imediato, para dar espaço ao "parceiro ideal" e à realização total, ou aceitar o companheiro atual como o ideal e procurar aprimorar a relação para atingir essa realização? Eu escolho a segunda hipótese. Em primeiro lugar, porque dou muito valor à manutenção de relacionamentos; em segundo, porque acho que, enquanto existe amor, enquanto não nos separamos, nosso companheiro é a pessoa certa para acompanhar-nos no caminho que está diante de nós. Porém, será que há certo e errado no que se refere a essa questão?

Eu não sei.

O *"ponto crítico"*

Durante a crise, o chamado ponto crítico desempenha um papel que não deve ser menosprezado. Alcançamos o ponto crítico quando não estamos mais conseguindo suportar o desgaste emocional, assim como o psíquico e o espiritual; quando nossa disponibilidade para nos aproximar novamente do companheiro se torna menor do que o desafio do relacionamento exige. Um sintoma de que chegamos a esse ponto é o fato de deixarmos de fazer coisas que conduziriam à aproximação, substituindo-as por atitudes que sabemos que levarão ao rompimento.

Quantos relacionamentos se rompem porque um dos parceiros atingiu seu ponto crítico *antes* que os processos em andamento pudessem amadurecer e chegar ao fim e os passos para o crescimento conseguissem ser dados? Por que ele pensava, dizia e fazia coisas que não faria em outras situações?

Como é possível impedir que cheguemos ao ponto crítico? O ponto crítico é determinado por dois fatores: de um lado, por nossa competência emocional, isto é, nossa capacidade de lidar com os sentimentos; de outro, pela carga emocional durante a crise de relacionamento. Ele é atingido quando nossa competência para lidar com as emoções é menor do que a carga emocional que emana do relacionamento.

Portanto, se aumentarmos nossa competência emocional e tentarmos diminuir ao máximo a carga emocional, seremos capazes de evitar o ponto crítico.

Nossa disponibilidade de trabalhar com as emoções pode ser comparada, de certa forma, ao vime: dependendo de sua força e de sua elasticidade, ele consegue suportar bastante peso. Entretanto, se suportar essa carga por um tempo excessivo, ele pode se desgastar e se tornar tão frágil, que acaba se rompendo ao menor peso. Esse é mais um motivo para nos darmos um tempo antes de decidir, pois dessa forma, além de nos esforçarmos por esclarecer as coisas, também teremos a possibilidade de nos aproximar um do outro.

O importante, nesse caso, é tentar amenizar a carga emocional; mas a prioridade deve ser o aumento de nossa competência emocional. Por um lado, uma certa medida de carga emocional faz parte da situação de crise; por outro, conseguir lidar com nossos sentimentos de maneira eficaz também é um objetivo que vale a pena.

Se, durante o procedimento que descrevi aqui, verificarmos que a separação é o passo certo ou inevitável, é essencial procurarmos o melhor apoio possível ao fazê-lo. O "Exercício para purificar a energia de casais em separações" (página 181) pode servir de ajuda para que a separação transcorra da maneira mais clara possível, de forma a restar um mínimo de "coisas mal-resolvidas". Assim, talvez as pessoas consigam, apesar da separação, preservar algum sentimento que ainda possa fluir, numa nova forma, como amizade ou amor.

Quando, durante uma separação, não fugimos de certas partes de nós, quando não nos separamos de estruturas que já trabalhamos em grande escala, essa separação pode ser exatamente o passo libertador que nos abre espaço para novas experiências.

"Meu companheiro quer separar-se de mim — eu não suporto essa idéia — quero continuar com ele!

Essa talvez seja uma das piores épocas da sua vida. É provável que o medo atual de perder o companheiro se confunda com o medo de abandono antigo, existencial. Aconselho você a criar um ambiente em que possa acolher essa parte de você e cuidar dela com carinho. Se possível não com o companheiro, mas com amigos, professores do Vivation® ou terapeutas.

Você não precisa sofrer primeiro a separação, para depois, mais tarde, aprender com ela e tornar o acontecimento proveitoso para você. Você pode fazer isso agora mesmo, pondo em prática com seu parceiro as sugestões aqui mencionadas.

É bastante provável que você aprenda muito a respeito de si mesmo, do seu parceiro e do seu amor. Mesmo que vocês cheguem à separação, dessa maneira haverá mais possibilidade de que a pessoa amada continue considerando você como amigo.

Algumas questões para encerrar

Os seis amaridianos para psicólogos, terapeutas, conselheiros de casais...

O trabalho com os seis amaridianos é, por princípio, um método de auto-expansão. Como ele se originou de minhas experiências como professor do Vivation®, naturalmente ele combina muito bem com o Vivation®. Porém, conselheiros e consultores dedicados à terapia também podem fazer uso desse sistema e dos exercícios correspondentes.

Para quem quiser usar os seis amaridianos em aconselhamento ou terapia, recomendo meus "Treinamentos com os amaridianos", que duram dez dias e ocorrem periodicamente. Eles oferecem uma orientação teórica e prática básica no trabalho com os amaridianos e são, ao mesmo tempo, um elemento importante na formação do professor do Vivation®.

A existência dos seis amaridianos é comprovável?

Não passará muito tempo até que a física moderna reconheça que a energia é a "substância básica da matéria". Apesar disso, a ciência das energias de precisão e seus contextos biomoleculares ainda é muito jovem. Os *efeitos* de uma assistência básica aos amaridianos não podem ser comprovados com fotografias Kirlian. Talvez um dia seja possível, com ela, tornar os amaridianos visíveis.

Atualmente não existe, pelo que eu saiba, nenhum outro procedimento que seja capaz de comprovar o fenômeno dos amaridianos. Mas eu ainda quero acrescentar o seguinte a respeito: os amaridianos são fenômenos energéticos de alta precisão, cuja localização e efeito podem ser observados. Quando duas pessoas se amam, elas formam um "corpo energético" comum. Os amaridianos transcorrem tanto no interior desse corpo energético comum como também no corpo energético de cada parceiro.

Além disso, eles têm seu correspondente e seu efeito em planos mentais, celulares, musculares e orgânicos. Uma pessoa que consiga enxergar a aura pode vê-los, se estiver predisposta a isso. Com o método Bionoetics,[2] é possível testar a situação de cada amaridiano e seu efeito em nossos meridianos e órgãos.

Somos capazes, sobretudo, de aprender a sentir os amaridianos por nós mesmos. Assim, do mesmo modo que sabemos que temos fome sem precisar de nada que "meça" essa sensação, podemos saber que "o quinto amaridiano está em apuros no que se refere à segunda frase-chave". Então, se fizermos alguma coisa para fortalecer o amaridiano em questão, sentiremos o efeito disso. Para o objetivo deste livro, não há necessidade de comprovar mais do que isso.

Amaridianos e saúde

Uma vez que, para nós, saúde é o equilíbrio de todo o organismo e o fluxo livre e harmônico de sua energia, é fácil entender que, quando os amaridianos estão em desequilíbrio, eles afetam a saúde da pessoa por inteiro.

De fato, com o método Bionoetics, tornou-se possível perceber modificações no tônus muscular e descobrir não só distúrbios como o papel que cada amaridiano desempenhava no desenvolvimento dos sintomas da doença.

Como participar dos seminários sobre os amaridianos e conseguir o apoio de um profissional?

O sistema dos seis amaridianos e os exercícios correspondentes são fáceis de compreender. Existem terapeutas e conselheiros das mais variadas escolas e tendências que apresentam sua própria combinação e desempenham um bom trabalho.

Se você quiser se informar a respeito de datas de seminários e treinamentos comigo ou estiver à procura de alguém que tenha minha autorização para ensinar os amaridianos, dirija-se ao serviço ao leitor.

Outros Exercícios para Libertar e Purificar o Amor

A maior parte desses exercícios se aproveita do efeito de "frases-estímulo". Uma frase-estímulo é a parte de uma frase que leva espontaneamente à sua compreensão total. Esse meio simples, mas bastante eficaz, nos ajuda a deixar de lado o hábito de "filtrar" os pensamentos antes de comunicá-los ao companheiro ou até a nós mesmos. Desse modo, conseguimos ter acesso a certas partes de nós que, de outra maneira, permaneceriam ocultas por nossos próprios filtros. A melhor maneira de usar essa técnica é a seguinte: pronuncie a frase-estímulo e deixe que o resto venha espontaneamente. Não se policie! Fale de imediato o que lhe vem aos sentidos — não o que deveria vir! Você se surpreenderá! Ao falar, sinta o efeito de suas palavras. Se, além disso, você der vida ao sentimento corporal, respirando mais, conseguirá acesso a camadas cada vez mais profundas dentro de você. Também é importante que, depois de uma frase dessas, você não faça pausas muito longas; repita a frase-estímulo e deixe que aflorem coisas novas. Se nada diferente for sugerido, cada etapa de um exercício com frases-estímulo deve durar de dois a três minutos.

A linguagem do amor

A: "Uma maneira de eu mostrar meu amor a você (de fazer você senti-lo, de sugeri-lo) é..."
B: "Obrigado/a!"

B: "Uma coisa que você pode fazer para me mostrar ainda mais o seu amor (para me fazer sentir, para me dar a entender) é..." (Isso são sugestões, não imposições.)
A: "Obrigado/a pela informação!"
B faz uma lista de palavras-chave ou anota os pontos.

A: "Quero lhe mostrar ainda mais o meu amor à medida que..."
(Escolham coisas para as quais B esteja preparado e acrescentem outros pontos, eventualmente.)
B: "Obrigado/a!" A respira, prepara-se para receber e anota os pontos que ele ou ela gostaria de receber de maneira especial.
INVERTER OS PAPÉIS

Alguns casais gostam de combinar frases como: "Eu o/a acaricio e faço massagem em você durante a noite inteira, e você me convida para um concerto de música clássica."

1. *Tema coletivo homem-mulher*

Mulher:
"O que eu não gosto nos homens é..."
"O que eu gosto nos homens é..."
(Cada um deve durar três minutos.)
Homem:
"O que eu não gosto nas mulheres é..."
"O que eu gosto nas mulheres é..."
Mulher:
1. "Eu manipulo/controlo os homens quando..."
2. "O pior que poderia acontecer, se eu não os manipular/controlar, é..."

Homem:
1. "Eu manipulo/controlo as mulheres quando..."
2. "O pior que poderia acontecer, se eu não as manipular/controlar, é..."

2. *Exercício coletivo de raiva*

Mulher:
1. "Uma raiva antiga que eu tenho dos homens é..."
(Quatro minutos, sentindo e respirando.)
2. "O que eu realmente quero dos homens é..."
3. "Agora eu perdôo todos os homens que me feriram."
(Dependendo do caso, esclarecer a situação e fazer o Exercício para a dissolução do ressentimento.)
4. "Uma coisa que eu quero dos homens no futuro é..."
"Uma coisa que eu estou pronta a dar aos homens é..."

INVERTER OS PAPÉIS

Homem: realizar o mesmo exercício, fazendo as devidas adaptações.

A ponte de pensamentos para a integração

1. Frase-estímulo: "Meu pior sentimento nesta situação é..." (Duração de cerca de um minuto, até que o pior sentimento seja pronunciado.)
2. Este passo tem duas partes:
   a) Durante cerca de quatro minutos, dizemos sem parar: "Consigo ficar bem ao sentir... (o pior sentimento)!"
   b) Toda vez que surge uma (nova) objeção, viramos a cabeça para o lado e a mencionamos.

O que fazemos, enquanto isso, interiormente?

a) Nós nos unimos, à medida que nos sentimos bem ao perceber o sentimento. Respiramos na direção dele e o aceitamos, "abraçando-o" intimamente. Isso fica mais fácil quando entendemos que há sempre pelo menos duas partes que já aceitam o sentimento.

Primeira: a parte de você que percebe esse sentimento concorda em percebê-lo; assim, por exemplo, a parte furiosa concorda com a fúria; a parte triste, com a tristeza.

Segunda: a parte de você que o levou a fazer este exercício também está pronta a aceitar esse sentimento, para seguir adiante, para curá-lo, etc.

b) Também haverá partes de você que não estarão prontas para aceitar esse sentimento. Normalmente, elas impediriam essa aceitação. Mas, à medida que você coloca de lado as objeções que surgem e continua aceitando o sentimento, a aceitação e a descontração vão atingindo camadas cada vez mais profundas. Assim, você recupera seus sentimentos e a sua vivacidade.

Exemplo:

1. "Meu pior sentimento a esse respeito é o desamparo."
2. (duração de quatro minutos):
   a) "Posso ficar bem ao sentir o desamparo."
   b) Vire a cabeça para o lado e diga: "Não, mas assim não conseguirei mais nada."...

Fortalecer as frases-chave

1. Diga a frase-chave que você quer fortalecer.

   Perceba a dimensão em que ela é real para você, sinta e respire na direção de onde você a sente mais.
2. Vire a cabeça para o lado e pronuncie novamente as objeções que surgirem (como está descrito no item 2b da "A ponte de pensamentos para a integração"). Repita os passos 1 e 2 durante pelo menos três minutos.

Os "antiamaridianos"

Quando não nos importamos com os amaridianos conscientemente, às vezes tendemos a regredir naquilo que já havíamos aprendido até o momento. Nem tudo é sempre proveitoso. Em nossa sociedade, costuma-se dar atenção especial a pensamentos e atitudes que trancam à chave os amaridianos e os confundem. Somos influenciados por contos e romances, pelo exemplo de nossos pais e de outras pessoas e também por canções de sucesso, filmes, propaganda e ditos populares. As propostas básicas e os dogmas que eles contêm eu chamo de "antiamaridianos".

O exercício seguinte deverá ajudá-lo a tomar uma decisão consciente.

1. Sublinhe, dentre as frases apresentadas abaixo como exemplos, aquelas que já estiveram de acordo com o seu modo de pensar ou que ainda estão.
2. Escreva (também seguindo a ordem dos seis amaridianos) outras frases sobre temas semelhantes e que possam ter influenciado seus pensamentos e sua vida.
3. a) Observe a versão que você montou dos "antiamaridianos" e perceba como você as sente.
   b) Agora leia as frases da corrente ou as frases-chave dos amaridianos e perceba como você as sente.
4. Tente distinguir que partes de você oscilam juntas em 3a) e 3b). Decida que direção você quer a seguir alimentar em você.

Os antiamaridianos, suas frases de rejeição e de confusão

1. Você deve amar ao próximo e *não* a si mesmo. Do jeito que você é, você não é digno de ser amado; primeiro você precisa mudar. Amor-próprio é egoísmo. A fonte do meu amor está na outra pessoa. Ficar sozinho é

desagradável e deveria ser evitado. O verdadeiro amor acontece quando eu não consigo viver sem o outro.

2. Eu o amo para que você me dê (ou porque me dá) amor. Amo-o para não me sentir sozinho. Eu lhe dou o meu amor à medida que recebo amor de você. Amo-o se você for do jeito que eu quero. Amo-o; logo, você deve me pertencer.
3. Dar traz mais felicidade do que receber. O verdadeiro amor se manifesta quando eu, sempre que possível, realizo todos os seus desejos. Não fico pedindo o que quero, pois, se você me amasse realmente, adivinharia. Recebo seu amor, enquanto eu não me tornar suscetível e vulnerável. Você precisa me dar amor sempre que eu me sentir sozinho e carente. A realização total no amor só acontece em contos de fadas, nunca na vida real.
4. Eu desfruto o encontro, desde que você não desperte em mim sentimentos desagradáveis. Geralmente, apenas um tem razão. O verdadeiro amor é sempre harmônico. Se você brigar comigo, significa que não me ama mais. Você demonstra o seu amor quando concorda comigo. Se você é tão diferente, quer dizer que não fomos feitos um para o outro.
5. A mulher tem que se entregar ao homem. Entregar-se é submeter-se. O homem deve fazer a mulher entregar-se. Se você dormir comigo, tenho direitos sobre você. Se eu me fundir com você, você estará me prometendo, com isso, que será meu para sempre, que é a minha outra metade.
6. Somos nós contra o resto do mundo. Um tem de tomar as rédeas. O que uma família tem, ela deveria manter para si. Alguém tem que ser o chefe da família.

Exercícios para o primeiro amaridiano

O fortalecimento do primeiro amaridiano é uma tarefa para ser realizada individualmente. Mas também é possível haver um apoio mútuo, que é muito proveitoso, sobretudo quando estamos apaixonados um pelo outro.

1.1 Exercício individual de amor-próprio

1. Faça uma lista espontânea de frases iniciando com:

"O que eu aprecio em mim é..."

2. Marque as três piores coisas dessa lista.
3. "Eu também me amo quando..."

Inserir, um após o outro, os pontos do passo 2. Respirar, perceber e pronunciar as objeções virando a cabeça para o lado (como no exercício "A ponte de pensamentos para a integração", à página 169).

1.2 Exercício de amor-próprio para casais

1.2.1

A: "Eu me amo assim como sou." (quatro minutos)
A respira na medida em que concorda com essa frase, dando a essa parte de si espaço e reforço energético.

B: "Sim, ame-se assim como você é."

A: Assim que recebe a confirmação por intermédio de B, A vira a cabeça para o lado e faz suas objeções (como no exercício "A ponte de pensamentos para a integração").

INVERTER OS PAPÉIS

1.2.2

A: "Eu me amo assim como sou e mereço o que há de melhor na vida." (quatro minutos)
A respira na medida em que concorda com essa frase, dando a essa parte de si espaço e reforço energético.

B: "Sim, você merece o melhor!"

A: Assim que recebe a confirmação por intermédio de B, vira a cabeça para o lado e pronuncia as objeções.

INVERTER OS PAPÉIS

1.2.3.

A: "Eu me amo assim como eu sou e..."
A deixa-se levar pela fantasia, à medida que ela vai surgindo. Exemplos: "Eu me amo assim como sou e digo o que realmente penso", "Eu me amo assim como sou e tenho um emprego que realmente me dá satisfação!", etc. (conseqüências pequenas e grandes).

B: "Isso mesmo — que maravilha!", ou coisa do gênero.

INVERTER OS PAPÉIS

1.3. Exercício do espelho

Olhe no espelho, fixe o olhar em seus próprios olhos e diga: "Eu me amo assim como sou." Respire à medida que você concorda com essa frase, dando a essa parte de si mesmo espaço e reforço energético. Depois, virando a cabeça para o lado, pronuncie uma eventual objeção. Note também o que você sente no rosto que está olhando no espelho. Veja se consegue encontrar o seu próprio olhar com carinho e afeição...

1.4. Eu festejo a vida

1. Faça uma lista com "Os meus dez prazeres ativos favoritos".
2. Faça uma lista com "Os meus dez prazeres passivos favoritos".
3. Marque em cada lista os dois prazeres que fazem com que você sinta mais profundamente união com toda a existência.
   Formule uma frase segundo o modelo:
   "Agora eu estou apto a dar mais espaço para a festa da existência em mim e comemorar junto, à medida que a cada semana eu... mais..." (incluir as coisas do passo 3).
   Exemplo: "Agora eu estou apto a dar mais espaço para a festa da existência em mim e comemorar junto, à medida que a cada semana eu vou dançar mais, fazer sexo com amor e o Vivation® fará parte da minha natureza."

1.5. Da síndrome da autocrítica ao autêntico desenvolvimento pessoal

1. Faça uma lista com a seguinte frase-estímulo:
   "Uma coisa pela qual sou/fui criticado é..."
2. Marque os pontos pelos quais você mesmo se critica.
3. Crie uma lista com as coisas pelas quais você se critica, além das já mencionadas.
4. A partir dos passos 2 e 3, marque o ponto que você considera de maior peso e em que você realmente pretende modificar alguma coisa.
5. A: "Eu me sinto bem ao... (o ponto citado no passo 4) ser/ter/fazer..."
   Exemplo: "Eu me sinto bem ao admitir que sou desordeiro/a."
   B: "É, tudo bem, não há nada de mal em admitir isso."
   A vira a cabeça para o lado e pronuncia eventuais objeções.

6. A: "Eu me sinto bem ao... (o ponto citado no passo 4), porque..." (com argumentação).
   B: "Certo, é isso mesmo!"
   Exemplo: "Eu me sinto bem ao admitir que sou desordeiro, porque também é preciso que haja pessoas desordeiras." Ou: "Eu me sinto bem ao admitir que sou desordeiro, porque só assim posso dar uma lição ao meu pai." (A argumentação, por um lado, nos dá perspectivas que colocam o ponto crítico num contexto aceitável, e, por outro, permite que a parte interessada na solução do problema se manifeste.)
7. A: "Agora eu me desculpo por ter me criticado de maneira destrutiva (negando o amor por mim mesmo)!"
   B: "Isso, desculpe-se!"
8. A: "Evidentemente, eu já sou/tenho muito... (o contrário do passo 4), pois eu...".
   B: "Bom, muito bom!"
   Exemplo: "Evidentemente, eu já sou muito ordeiro, pois, toda manhã, encontro meus sapatos diante da cama."
9. A: "Uma coisa que eu aprecio nisso é...!"
   B: "Bom, aproveite isso!"
   Exemplo: "Uma coisa que eu aprecio no fato de ser ordeiro é que encontro minhas coisas quando preciso delas."
10. Defina a maneira como você quer que... (o passo 4) seja futuramente.
    Exemplo: "Agora encontrei meu próprio estilo de organização!"
11. A: "Agora estou disposto a aproveitar melhor...!"
    B: "Bom! Perceba como você sente isso!"
    (Formular objeções virando a cabeça para o lado.)
    No final, reforçar mais uma vez, sem objeções.
    Exemplo: "Agora estou disposto a apreciar meu próprio estilo de organização!"

INVERTER OS PAPÉIS do passo 5 em diante

1.6. Exercício do sentimento de abandono para casais

B: "Conte-me sobre as idéias que lhe causam medo de que eu pudesse abandoná-lo."

A fala, respira e olha para o outro o tempo todo.

Quando A pára de falar, B diz de novo: "Conte-me..." (cinco minutos)

INVERTER OS PAPÉIS

A: "1. Uma coisa que eu faço para fortalecer a união é..."
"2. Uma coisa que eu faço (às escondidas) para segurá-lo/a é..."
B: "Um jeito como eu reajo quando você me segura é..."
INVERTER OS PAPÉIS

Exercícios para o segundo amaridiano

2.1. Medo de dar amor

Passo 1
A: "Um medo que eu tenho ao dar amor é..."
B: "Isso mesmo, sinta isso (é mais seguro sentir isso, etc.)!"
A respira, percebe o medo e aceita essa parte (e lhe dá uma porção extra do primeiro amaridiano).
Exemplo: "Um medo que eu tenho ao dar amor é que você possa me recusar."
Passo 2
A: "Agora eu dou o meu amor..." (Ele encontra caminhos e olhares por meio dos quais aquilo que o amedronta não represente mais nenhum estorvo.)
Exemplo: "Agora eu lhe dou o meu amor, mesmo que ele seja recusado. Agora eu lhe dou o meu amor e aprendo as maneiras como você pode aceitá-lo."

2.2. Dar liberdade — exercício para casais

A: "Eu o amo assim como você é e o amo como uma pessoa livre."
B: "Eu lhe agradeço e sei que sou uma pessoa livre."
A pronuncia objeções com a cabeça virada para o lado.
A: "Eu o amo assim como você é e amo-o como uma pessoa livre."
B: "Eu lhe agradeço e sei que sou uma pessoa livre."
B pronuncia objeções, virando a cabeça para o lado.
INVERTER OS PAPÉIS

2.2.1

A está sentado/a de olhos fechados, respira e relaxa, sentindo seu amor-próprio e povoando a mente com imagens em que ele/ela tenha se desenvolvido em todo o seu potencial de sucesso e felicidade.

Ele/ela fala no presente, do modo mais concreto possível, sentindo a idéia e se expandindo nela.

B visualiza o que A está descrevendo e apóia A com pensamentos, idéias e sentimentos naquilo que A quer para si.

B fica atento aos pontos que ele/ela não consegue/quer apoiar.

Quando B apóia os desejos de A, ele/ela pode expressar o seguinte:

B: "Acho muito bom para você que..." ou:

"Sou grato (fico contente) por poder dividir... com você."

Quando B não consegue apoiar os desejos de A:

B: "Um medo que eu tenho, quando você... é..."

A: "Obrigado/a por me comunicar isso!"

B: "Eu o/a amo em sua vontade de..., mesmo que isso não corresponda aos meus desejos."

B vira a cabeça para o lado e pronuncia as objeções.

A e depois B:

"Estou pronto a encontrar a realização para nós dois com clareza e criatividade."

Eles viram a cabeça para o lado e pronunciam as objeções.

(Momento para encontrar a clareza.)

INVERTER OS PAPÉIS

Exercícios para o terceiro amaridiano

3.1 Exercício para casais: "Disponibilidade para receber"

A: "Às vezes tenho medo de pedir o que eu realmente quero, porque..."

B: "Obrigado/a por me contar!"

A: "Às vezes eu tenho medo de receber aquilo que realmente eu quero, porque..."

B: "Obrigado/a por me contar!"

INVERTER OS PAPÉIS

Opcional:

A e B combinam que A ou B recebe do outro o que quer.

Depois de receber:

A: "Uma coisa pela qual sou agradecido é..."

B: "Certo, usufrua isso..."

3.2 Aumentar a disponibilidade para receber até atingir os 100%

1. Você imagina o que gostaria de receber do outro (aqui representado pelo símbolo: '♥'.). Pode ser uma imagem tridimensional e colorida ou — se você não conseguir visualizar — simplesmente o sentimento que surge, quando você recebe ♥.

1b. Perceba como você se sentiria se recebesse do outro o que quer. Observe em que medida você está pronto para receber ♥ (não importa se é muito ou pouco). Sinta sua gratidão por receber ♥! (Leia mais sobre isso a seguir.)

2. Imagine que apareça um círculo ou um disco em torno do que você quer, do símbolo, etc. Sinta mais uma vez o agradecimento por receber ♥ e expanda-se dentro dele com uma profunda inspiração.

3. Marque uma seção no círculo que represente a parte em você que ainda não está pronta para receber o que quer ou que não acredita que mereça receber isso.

3a. Dê toda a atenção a essa seção e procure senti-la. Respire profundamente e una-se com sua disponibilidade para deixar emergir mesmo o pior. (A cada parte do seu corpo que você sente nessa seção e aceita, você ganha terreno para conseguir o que quer/alcançar seu objetivo.)
Se você já tiver aprendido o método Vivation®, use-o.

3b. Observe novamente o círculo e note em que medida a seção se modificou. Ela ficou maior ou menor? (Leia mais sobre isso a seguir.)
Repita os itens 3a) e 3b) até que não surja mais nenhuma seção ou até você se sentir satisfeito com o espaço conquistado.

4. Vá mais uma vez para "a plenitude". Imagine o seu objetivo como resultado de uma situação realizada; e isso no círculo completo. Sinta o agradecimento por receber ♥ em cada célula.

5. Deixe o círculo subir para o alto como uma espécie de balão de gás, tornando-se cada vez menor... até ele desaparecer no firmamento, preenchendo todo o universo, tudo o que está ao seu redor, com a notícia de que você está preparado para receber integralmente o que quer ou realizar seu objetivo.

Adendo ao item 1. Você pode imaginar um símbolo, uma situação ou então um quadro-negro (com uma frase-chave ou uma afirmação).

Geralmente, o coração tem um desejo inconsciente que é mais importante para a alma do que a meta determinada conscientemente. Por isso, às vezes é bom, na primeira tentativa, deixar emergir do coração seu desejo mais premente. Apenas para que tudo fique esclarecido e para que ele não entre em conflito com seu objetivo escolhido conscientemente. Numa segunda tentativa, você pode fortalecer de imediato sua disponibilidade para receber o objetivo escolhido com consciência.

Adendo ao item 3b. Eu gosto de imaginar a seção como a entrada de um túnel numa viagem de aventuras. Se em sua seção surgirem imagens, situações, etc., sinta como elas se apresentam, respire e aceite esses sentimentos em você. Nessas situações, você também pode empregar toda a sua fantasia e criatividade. Se, porém, você perceber na seção uma imagem exata, uma superfície cinza, vozes ou "algo impreciso", talvez seja interessante, mas não essencial para o efeito. É fundamental que você dirija sua atenção para essa seção, perceba seus sentimentos a respeito e aceite-os. Assim você conseguirá incorporar partes de você que antes havia deixado fora dos limites de sua disponibilidade de recepção. Desse modo, você recuperará, progressivamente, sua disponibilidade total para receber.

Adendo ao item 3c. Se a seção se tornar maior depois da primeira observação, é porque agora ela se evidencia mais. Caso contrário, ela se tornará cada vez menor, simplesmente porque você a está sentindo conscientemente durante pouco tempo; é mais um motivo para você praticar esse exercício.

3.3 *Purificar o fluxo de amor recíproco*

A: "Um medo que eu tenho de dar livremente é..."

B: "Obrigado por me dizer!"

A: "Um medo que eu tenho de receber totalmente (perguntar o que eu quero, para me tornar totalmente receptivo, para conseguir total realização completa) é..."

B: "Obrigado por me dizer!"

INVERTER OS PAPÉIS

3.4 *Receber duplamente toca mais fundo*

A: "Uma coisa que eu lhe dei e que você não valorizou o suficiente foi..."
"Quando eu... (lhe dei, eu me senti... [o tipo de amor])"

B respira, enquanto A fala e recebe mais uma vez em cada ponto, totalmente consciente, a energia de amor oferecida. Toda vez que B sentir que conseguiu aceitar mais..., deve fazer um sinal (aceno de cabeça) e A continua.

INVERTER OS PAPÉIS

Exemplo:

A: *"Uma coisa que eu lhe dei e que você não valorizou o suficiente: limpei a sala e a enfeitei com flores."*

"Quando coloquei as flores, pensei em você e imaginei como você ficaria contente com elas. Meu coração começou até mesmo a bater mais forte."

B respira, recebe a doação de amor na totalidade e, quando sente que a doação de amor chegou, acena com a cabeça. Depois A continua.

Exercícios para o quarto amaridiano

4.1 Comportamento perturbador — exercício individual

1. Crie uma lista iniciando com: "Uma coisa (um comportamento) que me incomoda em... é..."
2. Anote um depois do outro os três pontos mais importantes da lista 1.
3. Escreva, ao lado de cada ponto da lista 2, o seu pior sentimento a respeito deles.
   Exemplo: "Ele está distante — eu me sinto abandonada."
   Marque o pior ponto.
4. Vá para o primeiro amaridiano, encha-se de amor e ofereça-o à parte de você que sente o pior sentimento do passo 3.
   Quando você se sentir livre e mais em paz, vá para o passo 5.
5. Vá para o quarto amaridiano e imagine que está dando atenção carinhosamente ao seu parceiro e ao pior comportamento do passo 1.
6. Pergunte ao seu parceiro, mentalmente, de onde vem esse comportamento dele.
7. Pronuncie a frase: "Eu o amo, mesmo quando você... (o pior comportamento), respire e sinta como você agora consegue aceitar mais esse comportamento perturbador. Vire a cabeça para o lado e diga eventuais objeções. (Amar o parceiro mesmo com esse comportamento não signi-

fica que não precisemos colocar um limite. Portanto: "Eu o amo, mesmo quando você ronca a noite inteira, e eu gostaria... [de fazer, de combinar] para que eu também possa dormir.")

8. Fale com seu companheiro sobre as coisas que você aprendeu com este exercício.

4.2 Exercício para purificar a energia de casais

Apresentamos aqui as sugestões para o "programa básico"; as frases em *itálico* correspondem a outras possibilidades que facilitam novos avanços.

A: *"Um medo que eu tenho de fazer este exercício com você é..."*
B: *"Obrigado por me dizer!"*
A: *"Uma coisa que eu me prometo ao fazer este exercício com você é..."*
B: *"Obrigado por me dizer!"*
INVERTER OS PAPÉIS

A: "Um comportamento que eu não gosto em você é..."
B: "Obrigado por me dizer!"
A: "Uma coisa que eu gosto em você é..."
B: "Obrigado por me dizer!"
INVERTER OS PAPÉIS

A: "Uma coisa que eu levo a mal em você é... e isso eu lhe desculpo agora." (Ou veja "Esclarecer a situação", — na página seguinte.)
B: "Obrigado por me perdoar!" ou "Obrigado por me dizer!"
A: "Uma coisa pela qual eu lhe peço perdão é..."
B: "Certo, agora eu lhe perdôo por isso." (Ou veja "Esclarecer a situação", na página seguinte.)
INVERTER OS PAPÉIS

A: "Uma coisa que eu tenho medo de lhe dizer é..."
B: "Obrigado por me dizer!"
A: "Uma coisa que eu sempre quis lhe dizer é..."
B: "Obrigado por me dizer!"
INVERTER OS PAPÉIS

A: "Uma coisa pela qual sou grato a você é..."
B: "Obrigado por me dizer!"

INVERTER OS PAPÉIS

A: "Uma coisa que eu quero de você é..."
B: "Obrigado por me dizer!"
INVERTER OS PAPÉIS

* Esclarecer a situação significa, por exemplo:
"Estou pronto a levar em consideração a desculpa."
"Eu gostaria que você me pedisse desculpas."
"Vou conservar essa raiva até... para..."
"Vou conservar essa raiva até o fim da eternidade, para..."
"Eu gostaria de fazer um exercício para eliminar o ressentimento que tenho por você."

4.2.1 Exercício para purificar a energia de casais em separações

Aqui apresento apenas algumas sugestões adicionais para a purificação da energia em separações ou também para quando um relacionamento muda de forma ou entra numa nova fase. Você deve inserir as frases seguintes no exercício 4.2, entre as duas últimas partes (agradecimento e desejos):
A: "Uma promessa que eu lhe fiz foi... e agora eu a tomo de volta."
B: "Obrigado por me dizer!"
A: "Uma coisa da qual estou me despedindo agora é..."
B: "Obrigado por me dizer!"
INVERTER OS PAPÉIS

4.3 Discussão proveitosa

O "objetivo" da discussão *infrutífera* é ferir o parceiro, vingar-se, descarregar a raiva e, apesar de tudo isso, continuar achando que está com a razão. Há vários meios de se chegar a isso. Eis alguns: intimidação por meio de gritos, ameaças, violência física e verbal, constantes interrupções que denotam insegurança, etc. O resultado da discussão infrutífera é a ofensa mútua cada vez maior e a destruição do relacionamento.

Em geral, esse tipo de desentendimento acontece quando não existe exatamente um ponto a ser discutido. Ela talvez queira apenas reclamar um pouquinho, se queixar ou ter alguém como ouvinte — o parceiro, então, relaciona a queixa com ele e se defende. Ele precisa de sossego, quer se desligar, relaxar e ficar sozinho; ela se sente desprezada e o bombardeia com perguntas.

Quando o problema que se apresenta não é passível de discussão, não vale a pena brigar. Seria muito mais útil descobrir aquilo de que precisamos. Necessitamos de alguém que nos ouça? Está nos faltando um momento de paz e de solidão? Queremos simplesmente relaxar um pouco? Sentimo-nos feridos e queremos nos defender?

O *sentido* da discussão proveitosa é esclarecer pontos de atrito. Uma briga é proveitosa quando ambos os envolvidos aprendem com ela; quando os dois pontos de vista acabam gerando um terceiro, com o qual ambos concordam. Também quando ambos assumem que têm opiniões diferentes e aceitam isso. Se a discussão for frutífera, perceberemos que os envolvidos ficarão aliviados e novamente próximos um do outro.

Se pudermos dizer com dignidade, ao final de uma discussão: "Certo, isso me convenceu", é um sinal de que ela foi proveitosa. Um meio para chegar a isso é estruturar a discussão de acordo com determinados pontos de vista. Procure encontrar seus próprios pontos de vista e as regras para agir! O que apresento a seguir talvez lhe sirva de estímulo:[7]

Regras para uma discussão proveitosa

1. Verifique se a situação que se apresenta é passível de discussão e analise-a. Se se tratar de alguma outra coisa (ouvir o outro, deixá-lo em paz, esclarecer mal-entendidos, pedir-lhe desculpas, etc.), não comece a discutir e pare imediatamente com isso.
2. Abra mão da gritaria como meio de discussão (intimidação). Se precisar (porque aprecia) gritar, mantenha um tom de voz que também seja aceitável para o seu parceiro.
3. Evite xingamentos, ameaças, acusações de culpa e violência. (Raiva e violência não são a mesma coisa. Temos o direito de sentir nossa raiva, mas temos o dever de não nos comportar com violência.)
4. Preocupe-se, se possível antes da discussão, em deixar as coisas claras para si mesmo. Afinal, qual é a razão da sua raiva? O que você realmente quer? Se precisar, procure expressar a raiva com o corpo, fisicamente. Martelar, bater tapetes para tirar o pó, esfregar o chão ou até mesmo espancar o travesseiro são bastante apropriados para isso.

5. Escolha uma hora adequada para a discussão e ouça os argumentos do seu parceiro a respeito disso.
6. Não brigue ao telefone, no escuro, no carro, em público ou em outros lugares onde você — ou seu parceiro — não se sinta suficientemente à vontade.
7. Só discuta o que realmente for importante. Procure reconhecer quando a discussão vale a pena e quando não.
8. Formule exata e precisamente o que pensa a respeito de cada ponto da discussão.
9. Em cada ponto da briga, discuta a possibilidade de um acordo com seu parceiro.
10. Ouça atentamente tudo o que o seu companheiro diz e pergunte sempre, a fim de assegurar-se de que entendeu direito.
11. Se não puder ouvir com atenção, porque intimamente está envolvido demais com o tom do outro, com seus próprios sentimentos e pensamentos ou alguma outra coisa, informe o parceiro e procure prestar atenção de novo.
12. Quando um argumento do seu parceiro o convencer, reconheça (em vez de mudar de assunto).
13. Quando seu companheiro reconhecer que você o convenceu com seus argumentos, aceite e agradeça, reconhecido.
14. Discuta um ponto de cada vez e informe quando quiser mudar de assunto, antes de chegar a um acordo.
15. Quando ambos não concordarem, devem reconhecer isso. (Eles têm que admitir, então, que têm opiniões diferentes a esse respeito.)
16. Predisponha-se a respeitar os limites que seu parceiro estabelece como seus limites pessoais, mesmo quando eles não estão de acordo com a sua opinião.
17. Estabeleça algumas pausas, quando a discussão ficar muito calorosa.
18. Não faça o papel de terapeuta, a não ser que o seu companheiro queira que você o faça.
19. Esteja pronto para pedir desculpas, quando infringir as regras; e também a desculpar o parceiro, se ele infringir as regras.

A discussão terá chegado ao fim quando...

- ambos voltarem a se sentir bem fisicamente. Algumas vezes, depois da discussão, podemos extravasar a tensão espancando travesseiros, martelando, esfregando a casa, etc.;
- ambos conseguirem sentir de novo amor um pelo outro;
- não restar mais nenhum constrangimento secreto;
- ambos se beijarem e se abraçarem de coração;
- ambos conseguirem rir do acontecido;
- ambos estiverem agradecidos pelo que aprenderam.

4.4 Exercício para a dissolução do ressentimento

Para entender o que está por trás desse exercício, leia o capítulo "Quando não somos capazes de perdoar com sinceridade", à página 135.

1. Faça uma lista com os nomes de pessoas por quem você sente uma raiva antiga.
2. Escolha aquela que provoca em você o sentimento de raiva mais forte.
3. Pense na pessoa e fale ou escreva:
   "Uma antiga raiva que eu tenho de você é..."
4. Assinale sua raiva mais forte.
5. "Uma coisa que contribui para eu me apegar a esta raiva é..."
6. "Uma coisa que posso fazer para me desapegar dessa raiva é..."

Exemplo: "Uma coisa que posso fazer para me desapegar dessa raiva é assegurar que isso não aconteça de novo."

7. "O que eu realmente quero com isso é..."
   Exemplo: "O que eu realmente quero com isso é ser bem tratado e respeitado."

8a) "Agora eu pretendo... (reparar o erro, me assegurar de que isso não aconteça mais!, etc.)" (a partir do passo 6).

8b) "... e fortaleço minha decisão de..."

Exemplo: "Agora vou tentar me assegurar de que isso nunca mais acontecerá e fortaleço minha decisão de ser bem tratado e respeitado!"

(É recomendável que você repita o passo 8 três vezes para se acostumar com essa estratégia pouco conhecida.)

9. Eventualmente: "Eu o/a desculpo com toda a sinceridade!" ou "Esclarecer a situação" (veja na página 181).

4.5 Dissolução da inveja e da concorrência

A: "Vejo em você alguma coisa da qual eu mesmo gostaria de ter mais. É que... e agora eu me dou licença para também conseguir ter mais."
B: "Certo, expanda-se nessa idéia!"
A cada vez, A visualiza a coisa desejada, enquanto B também imagina A com o que foi mencionado.
INVERTER OS PAPÉIS

4.6 "Eu me abro para você e — por meio de você — para mim!"

A: "Eu vejo alguma coisa em você que eu rejeito em mim. É que... e agora estou pronto a aceitá-la melhor."
B: "Certo, vou apoiá-lo nisso!"
INVERTER OS PAPÉIS

A: "Uma coisa em que estamos de acordo é..."
B: "Obrigado por me dizer!"
INVERTER OS PAPÉIS

A: "Uma coisa que temos em comum, que eu gostaria muito de comemorar com você, é..."
B: "Obrigado por me dizer!"
INVERTER OS PAPÉIS

Então os dois devem combinar o que mais querem comemorar na semana seguinte e quando isso vai acontecer (se possível, marcar o compromisso).

4.7 Transferir-se para o outro

1. A: "Um comportamento que eu não aprecio em você é..."
   "Agora estou pronto para aceitá-lo mais e entendê-lo."
   Virar a cabeça para o lado e fazer algumas objeções (quando entendemos o outro, podemos dar-nos o direito de estabelecer limites).
2. A: "Quando eu mesmo... (comportamento mencionado no passo 1), eu me sinto..."
   (Tempo limitado a um minuto.)
   A pergunta a B: "O que acontece com você?"

B fala por cerca de quatro minutos.

A fortalece a energia do quarto amaridiano — aquele que se refere ao reconhecimento da pessoa com atenção e carinho — e ouve B atentamente. Quando A nota que a energia do quarto amaridiano está menor, levanta a mão para indicar que B deve fazer uma pausa. A interrupção é útil para ambos, pois assim eles podem respirar e aceitar aquilo que perceberam.

INVERTER OS PAPÉIS

4.8 A "técnica da carta de amor"

(Adaptado da obra de John Gray, *Männer sind anders. Frauen auch* [Os homens são diferentes. As mulheres também].) Esse procedimento facilita mais a sua comunicação quando você estiver furioso, não quiser falar diretamente com seu parceiro e o exercício para purificar a energia de casais não lhe parecer adequado.

A idéia central é que você escreva uma carta, na qual deverá comunicar *todos* os seus sentimentos numa determinada seqüência, e que, no final, você se mostre disponível para a conciliação e o amor. Para terminar, escreva que tipo de resposta ou reação você gostaria que seu parceiro tivesse. Então leia a carta para ele num momento adequado.

Eis aqui uma boa seqüência para você usar ao comunicar seus sentimentos: raiva, medo, tristeza, arrependimento ou pedido de desculpas, amor. Por exemplo:

Querido Kurt,

(Raiva) Eu estou furiosa porque, há pouco, eu queria contar a você um pouquinho sobre meus problemas e você não prestou muita atenção ao que eu disse. Ficou o tempo todo me interrompendo, me ridicularizando ou me dando conselhos.

(Medo) Tenho medo de que agora você se afaste — porque eu explodi e o xinguei. Tenho medo de que você não me considere nem me ame mais.

(Tristeza) Estou triste porque isso tem acontecido constantemente e então você fica taciturno por uns dias. Estou triste porque sinto falta da proximidade entre nós, porque sinto que você não me compreende e não me leva a sério.

(Arrependimento) Eu me arrependo da minha explosão de raiva e peço que você me compreenda e me desculpe.

(Amor) Eu gostaria muito de encontrar um jeito de voltarmos a nos entender. Diga-me também do que você precisa para se sentir novamente bem ao meu lado. Eu o estimo e o amo muito. Vamos conversar.

(Reação esperada) Eu gostaria que conversássemos a respeito de como eu me sinto quando conto alguma coisa a você e você fica me dando conselhos, em vez de prestar atenção. Eu gostaria também que você me contasse como você se sente quando eu lhe conto meus problemas. Eu ficaria feliz se, de vez em quando, você me ouvisse e só me desse conselhos mais tarde, quando eu também quisesse ouvi-los.

Exercícios para o quinto amaridiano

5.1 *Um medo...*

Exercício com frases para serem completadas

Este é um exercício que serve tanto para entrar no quinto amaridiano quanto como preparação para o quarto amaridiano.

Os casais devem se colocar ou sentar um diante do outro a uma distância combinada. A olha B nos olhos, respira, sente, repete as frases e, quando não há mais nenhum medo aflorando, aproxima-se um pouco mais de B. Este pode se retrair, se a proximidade lhe parecer muito grande (vale o mesmo para o momento da INVERSÃO DE PAPÉIS).

Os passos são os seguintes:

A: "Um medo que eu tenho de me aproximar mais de você (de me fundir com você) é..."

B: "Obrigado por me dizer!"

(tempo: dois minutos)

A: "Uma coisa que eu gosto em você é..."

B: "Obrigado por me dizer!"

INVERTER OS PAPÉIS (quando B determina a distância novamente)

5.2 *Fusão energética*

Para este exercício, é aconselhável que vocês tenham conseguido, por meio do Vivation® ou de um outro método, grande habilidade no trato com o fluxo respiratório e com os sentimentos.

Sentem-se um diante do outro, procurando ficar bem à vontade. Criem a moldura certa para este exercício, sentindo-se protegidos, seguros, levados e inspirados por uma atmosfera especial. Sentem-se de tal modo que seus joelhos se toquem. Se vocês quiserem, podem também tocar-se com as mãos.

Agora comecem a se olhar nos olhos — suavemente, sem querer algo determinado, como se pudessem penetrar no outro através dos olhos. Não parem de piscar e relaxem a região em volta dos olhos, assim como o rosto todo. Se durante esse processo aflorarem sentimentos, deixem que eles surjam e relaxem cada vez mais.

Agora comecem a respirar pausada e profundamente. Inspirem com suavidade e prazer, relaxando de tal modo que a expiração ocorra por si mesma. A respiração de vocês deve ser harmoniosa. Pode ser que surja um ritmo comum: ou os dois inspiram ao mesmo tempo ou um inspira enquanto o outro expira.

Então, sintam como a energia começa a fluir em círculo. Primeiro entre o coração e o sexo: com o coração, deixem fluir a energia do amor na direção do outro e imaginem como ela passa para o corpo e para o sexo do parceiro. Dali ela flui na sua direção; então, inspire-a e receba-a no seu coração. Depois, faça-a fluir novamente pelo coração ao expirar. Durante algum tempo, reforce esse fluxo com a respiração e com sua percepção.

Mude a direção, faça a energia do amor fluir do centro do seu sexo e receba-a no coração. Permaneça durante um tempo com esse círculo energético entre coração e sexo. Depois abra-se também para aquilo que pode ser sentido como união além desse círculo.

Agora, esqueça tudo sobre esse círculo e sobre dar e receber; desfrute a união e desabroche cada vez mais, até...

Um exercício para o sexto amaridiano

6.1 Visualização da árvore

Este é um exercício que desenvolvi com Sigrid, quando começamos a dirigir grupos de treinamento e, para isso, precisávamos abrir e fortalecer o sexto amaridiano.

A descrição, portanto, refere-se à orientação de grupos de trabalho, embora também possa ajudar em outras situações em que realizamos algo junto com uma pessoa querida; por exemplo, com os filhos, ao realizar um projeto comum, ao preparar uma festa, etc.

Os passos são os seguintes:

Primeiro vocês devem fazer o trabalho com os amaridianos, para fortalecê-los (veja à página 94). Em seguida, cada um imagina uma árvore que represente o seu próprio potencial em dirigir seminários, seu estilo próprio e seu comportamento diante do tema proposto. Depois de tê-la formado (com tronco, galhos, folhas, copa, etc.), comentem sobre as diferenças entre as árvores: primeiramente, o que elas significam para cada um; depois, como as duas árvores podem dar espaço uma para a outra e ao mesmo tempo se completar e se fortalecer com a proximidade entre elas.

Então, cada um imagina mais uma vez a sua árvore, sentindo como a árvore do outro se aproxima, formando, junto com a sua, uma copa ou um campo de força comuns. Discutam suas experiências e os novos pontos de vista que se revelaram nesse processo.

Para terminar, imaginem como vocês se entregam de coração aos participantes do seminário e fortaleçam com a respiração essa qualidade do sexto amaridiano.

Um exercício para o sétimo céu

1. Verifique se algum amaridiano está sendo confundido ou se encontra bloqueado.
2. Se houver algum nessa situação, abra-o e fortaleça-o.
3. Pratique os passos 1 e 2 em seqüência.

Anexo

Amor, exclusividade e não-exclusividade no relacionamento

Vivemos numa época em que, cada vez mais, as normas estabelecidas para o casamento são postas em xeque; nós mesmos estamos numa busca contínua. Como podemos viver integralmente nosso sentimento e cumprir as promessas de amor? Ao buscar respostas para essas perguntas, cheguei a várias conclusões e também descobri muitas coisas, que descreverei aqui resumidamente.

O ser humano já tentou, de diversas formas, fazer justiça à essência do amor carnal. Existem a monogamia, a poligamia, o casamento sem traições, o casamento com traições toleradas, o concubinato, o relacionamento a dois com exclusividade, o relacionamento a dois sem exclusividade, o amor livre, etc. Dentro desse amplo espectro, é preciso considerar os aspectos sociais, religiosos, éticos, políticos e outros. Para quem quiser se aprofundar no assunto, há bons livros disponíveis à venda.

Em tudo o que já li e ouvi a respeito, não encontrei referência aos seguintes conceitos: de um lado, a concentração e a ampliação do amor; de outro, a exclusividade e a não-exclusividade nos relacionamentos.

Embora "exclusividade" e "não-exclusividade" sejam palavras polissilábicas e também complicadas como conceitos, elas me ajudam a esclarecer alguns aspectos importantes a respeito desse assunto controverso. Esses conceitos me ajudaram a diferenciar minhas próprias experiências e a colocá-las num contexto significativo.

Antes de tudo, o amor

Ele não tem duas formas possíveis de movimento, onde encontra força, amadurece e se desenvolve, ou seja, o movimento da concentração e o movimento da ampliação?

A força da concentração

Sentimos a força da concentração quando nossa energia de amor converge totalmente para a pessoa amada, centralizando-se e formando um feixe como o de um raio. Dessa forma, não sentimos necessidade de amar tão intimamente outra pessoa. Mesmo quando surge uma possibilidade, não há nenhuma energia disponível para vivê-la. Qualquer outro amor seria uma dispersão indesejada da concentração em feixe. Precisaríamos nos forçar para fazer isso. Nesse momento, nosso coração quer cantar *uma determinada* canção. Com variações, é claro — mas sempre e repetidamente a mesma canção! Qualquer outra só nos faria lembrar dolorosamente dela. Reconhecer que queremos concentrar nosso amor em alguém em especial nos ajuda a desenvolver com essa pessoa um nível de confiança cada vez mais profundo. É como se pudéssemos amar "nela" todas as mulheres ou "nele" todos os homens. Nas origens do coração, a concentração independe do fato de o companheiro concentrar seu amor em nós ou expandi-lo na direção de uma outra pessoa. A concentração no amor tem sua própria beleza.

A força da expansão, da ampliação

Sentimos a força da expansão quando amamos de maneira autêntica mais do que uma pessoa. O coração se abre de uma forma antes desconhecida. Queremos abraçar o mundo todo. Ao amar mais do que uma pessoa, cada uma à sua maneira, sentimos, em especial, como o ser humano é insubstituível. Cada pessoa amada faz soar em nosso coração uma outra canção, transportando-nos para um novo espaço.

Assim, somos levados a sentir o nosso amor como um sentimento que está dentro de nós, como a nossa própria energia. Entendemos coisas que não compreenderíamos na concentração. Geralmente, esse tipo de abertura do amor facilita a mudança do passo "Você é a fonte do meu amor" para "A fonte do meu amor está em mim", para o amor como estado de ser.

A ampliação do amor tem sua própria beleza.

A exclusividade

A exclusividade caracteriza a forma de relacionamento em que uma pessoa — casada ou não — *exige* que seu parceiro divida seu amor apenas com ela. Isso pode ser dito abertamente ou estar determinado por leis; às vezes também se manifesta por um emaranhado de regras e proibições inconscientes ou de acordos subentendidos.

Mulheres e exclusividade

Esse tema tem um aspecto social: nossa sociedade atribui quase toda a responsabilidade pelo cuidado e pela educação dos filhos a assim chamada de sua menor unidade: homem e mulher.

Com muita freqüência, os homens abandonam suas amantes depois de terem um filho com ela, eximindo-se assim dessa responsabilidade. Se essa pequena família for a única unidade provedora, recairão sobre a mãe, sozinha, a carga e a responsabilidade principais pelas crianças. Essa situação exige demais dela e, geralmente, causa grandes limitações e carência existencial.

Hoje em dia, é tão comum os homens deixarem a mulher cuidando dos filhos, que isso contribui para a desconfiança e a raiva coletiva que muitas mulheres sentem pelos homens.

Enquanto as mulheres carregarem sozinhas a carga e a responsabilidade principais pela educação dos filhos, quase sempre terão uma necessidade econômica e social da "segurança" da exclusividade. Aliás, isso tem mais que ver com a idéia da pequena família como unidade provedora do que com as formas que considero apropriadas para o amor.

Além disso, há um aspecto sexual/coletivo:

Durante séculos, o fato de o homem ter uma amante secreta, fora do casamento, foi visto como sinal de masculinidade e aceito por uma dupla moral. Se fizessem o mesmo, as mulheres seriam condenadas como adúlteras e prostitutas.

Mais recentemente, tem-se usado a palavra "amor livre" para definir uma relação de sexo sem amor, na qual não existe envolvimento. Alguns homens escondem atrás dessa bonita palavra sua tentativa de reduzir a mulher a um objeto sexual permutável e, assim, manter-se longe do amor.

Portanto, não é sem motivo que as mulheres reagem de forma tão sensível quando os homens falam de amor livre e de não-exclusividade.

Historiadores das culturas e etnólogos mencionam uma razão interessante para a dissolução do matriarcado e o surgimento da exclusividade: a segurança da sucessão (apenas um homem por mulher) diante do advento da propriedade privada. Entretanto, há outras razões que levam à exclusividade, tais como:

A exclusividade como um pacto de proteção comum contra o ciúme

Um pacto de proteção desse tipo pode consistir em acordos, pronunciados ou não, como por exemplo: "Eu me limito a você e livro-o de sentir ciúme, para que você me livre disso também."

O ciúme talvez pareça insuportável e ameaçador, principalmente quando está associado ao abandono existencial. O simples fato de pensar nisso nos faz lembrar do mar que engole tudo em suas profundezas. Se nossa força de integração não for bastante resistente, mais tarde colocaremos aí os limites da nossa capacidade de amar: "Eu só o amo se você não amar mais ninguém."

E essa limitação acaba sendo cimentada pelo ponto de vista amplamente difundido de que o ciúme é uma restrição natural da nossa disponibilidade de amar. "É claro que ele a abandonou. Afinal, ela abraçou e beijou aquele outro com tanta avidez!" Ainda bem que existem métodos, como o Vivation®, que nos ajudam a aumentar a nossa capacidade de integração e a eliminar o ciúme, que é um pacto de proteção desnecessário.

Estejamos ou não prontos para dar esse passo, o importante é fazer o pacto de proteção conscientemente, em vez de enfeitá-lo com discursos românticos, morais ou de outro tipo qualquer. Isso aumentará nossa integridade pessoal e nosso desenvolvimento posterior.

Eu gosto de comparar essa situação com um curso de natação no mar. O pacto de proteção é como uma bóia: quando ainda não somos capazes de nadar em águas profundas, ela nos impede de afundar. Isso é verdade.

Porém, alguns simplesmente não querem aprender a nadar em águas profundas. Eles sempre continuarão usando a bóia. Há pessoas que não querem mesmo aprender a amar sem ciúme, preferindo escudar-se no pacto de proteção. Bóias e pacto de proteção são, portanto, uma questão de preferência pessoal.

A exclusividade como meio para a concentração do amor

Quando queremos concentrar nosso amor numa pessoa, unir-nos com ela, tentamos fazê-lo com o mandamento da exclusividade. Infelizmente, isso não funciona muito bem. Pelo contrário.

Às vezes, o mandamento da exclusividade diminui a força da concentração, que a princípio surgiu livremente. Então talvez entremos num estreitamento da relação, mas no subconsciente o fogo que nos unia espontaneamente ao parceiro começa a se apagar.

No começo, a força da concentração se espalha de tal modo que perde terreno para se renovar e ganhar forças.

O amor se concentrará livremente nessa pessoa em especial. Então esse espaço lhe é tirado — o espaço do qual o amor se alimentava e que dava à concentração mais substância e significado. A concentração se cansa, perde a força propulsora, a seiva e a espessura — ela se quebra. Os amantes se tornam cada vez menos presentes no encontro, mais distraídos, mais negligentes.

Depois de algum tempo, as outras mulheres ou os outros homens parecem ficar cada vez mais atraentes. Diante do desafio do proibido, essa atração aumenta. Caso seja mantida a exclusividade à custa da repressão desses impulsos, pode surgir uma revolta interior. Mesmo quando ela não é vivida, é capaz de destruir interiormente a força da concentração.

Quantas vezes o "amor exclusivo e eterno" por *aquela* pessoa acaba de repente, depois de alguns anos, para que o "laço eterno" seja amarrado de novo a uma outra pessoa?

Em quantos países o hábito de se manter amantes secretos é aceito abertamente? A exclusividade parece não estar tendo muito sucesso em suas promessas.

Concentração não é o mesmo que exclusividade. A concentração se manifesta no fluxo livre do amor, enquanto a exclusividade atua como proteção contra esse fluxo. A concentração vem da liberdade de escolha e forma um feixe que tem como centro a pessoa amada. A exclusividade é um movimento restritivo que teme e nega a liberdade de escolha. A concentração do amor, assim como sua expansão, não conhece nem argumentos nem justificativas. Ela não pode ser calculada nem negociada; ela caracteriza um movimento do amor, a expressão do coração. A exclusividade implica a limitação do relacionamento a uma série de acordos, regras e, às vezes, leis. Com a exclusividade, não podemos nem provocar nem assegurar a concentração do amor.

Quando, ao nos relacionarmos com alguém, procuramos nos enquadrar na exclusividade, isso significa que a concentração não é livre. A exclusividade, portanto, não me parece ser o campo adequado para que a total concentração do amor se desenvolva *livremente*.

Além do mais, se a concentração do amor for verdadeira, não precisaremos de exclusividade alguma. Só sentiremos essa necessidade se não confiarmos na concentração. E quando não somos capazes de confiar nela, a exclusividade também não ajuda.

Quando a expansão do amor não se mantém na exclusividade

Nessa situação, em geral, há duas possibilidades de conduta. Uma eu já mencionei: manter amantes secretos, o que, na maioria das vezes, tem um efeito nocivo.

A outra conduta parte do pressuposto de que o verdadeiro amor se direciona sempre a uma pessoa, o que leva a um problema de consciência: "Você precisa decidir quem você ama realmente!" Quanto de amor verdadeiro foi sacrificado, assim, em nome da exclusividade?

Dessa maneira, para concluir, quero acrescentar o seguinte: diante da (dupla) moral predominante a respeito da exclusividade, que a eleva à forma de relacionamento abençoada pelos cristãos, a única considerada como ideal e exemplar para todos e a única capaz de trazer felicidade, eu gostaria de defender a não-exclusividade. Entretanto, a forma de relacionamento que proporciona felicidade eterna a todos ainda não foi descoberta.

A não-exclusividade

A não-exclusividade caracteriza a modalidade de relacionamento em que o amor não é limitado por nenhum pacto, regra ou mandamento de restrição. Ou seja, ele pode se expandir e estender-se a mais de um parceiro. Todavia, às vezes, ancoradas nessa liberdade, as pessoas concentram seu amor apenas num companheiro.

Amor com vários parceiros

Não estou me referindo aqui à troca constante de parceiros, que com certeza inclui atividade sexual e talvez possibilite até mesmo que o amor flua ocasionalmente, sem que haja, porém, um aprofundamento da relação. Isso é outra coisa. Estou falando de vários relacionamentos, que são cultivados e se desenvolvem segundo os seis amaridianos.

Trata-se, portanto, de uma questão de capacidade pessoal: quantos relacionamentos íntimos sou capaz de levar adiante — com a atenção, a dedicação, o tempo e a energia necessários, e sem descuidar da relação comigo mesmo? Um, dois, três?

Quando divido o amor com mais de um parceiro, sinto a força da expansão, e ao observar o crescimento que isso proporciona, fico satisfeito. Essa é uma experiência especial, pois o que divido com outros provém da minha fonte de amor. E com cada pessoa isso acontece de uma maneira inconfundível. Cada ser amado faz o meu coração se expandir para um outro espaço.

A partir do momento em que eu não espero *daquele* determinado parceiro que todas as minhas canções soem e que todos os espaços do meu coração se preencham, fica muito mais fácil amá-lo e aceitá-lo como ele é.

Ao dividir nosso amor com mais de uma pessoa, nossa consciência formula essa situação, mas também tem desafios especiais. Ela nos induz a deixar de lado a razão comparativa. Ela nos intima a relaxar cada vez mais no presente e a confiar mais no fluxo do amor do que em conceitos. É um curso intensivo sobre os temas ciúme e dependência. O grande reservatório de sentimentos de abandono e de ciúme que a maioria das pessoas carrega consigo, sem ter consciência disso, muitas vezes leva a crises e dificuldades no relacionamento, o que talvez nos sobrecarregue emocionalmente.

Por esse motivo, várias pessoas preferem concentrar-se num só parceiro. Contudo, essa sua "concentração" não será livre, à medida que ele, ao fazer isso, estará se esquivando de lidar com seus sentimentos.

Expansão autêntica e evasão compulsiva

A expansão autêntica do amor não provoca o nosso afastamento do primeiro companheiro. Muito pelo contrário: é como uma ampliação do amor original por esse parceiro. Ela não surge da busca de libertação de conflitos insuportáveis. Também não decorre de uma grande carência. Ela é o transbordamento de um coração pleno, que está se expandindo.

Bem diferente é a evasão compulsiva. Por exemplo: se tivermos dificuldade com um determinado parceiro e o amor não estiver fluindo mais tão facilmente, isso exige de nós um trabalho interior e uma mudança de conduta, se quisermos continuar a crescer juntos. Entretanto, se não estivermos preparados para lidar com os sentimentos liberados, seremos forçados a fugir deles, e assim nos voltaremos compulsivamente para um outro parceiro, com quem o amor "está fluindo melhor". O primeiro parceiro, com todo o direito, se sentirá abandonado; o segundo, talvez, usado. Todos envolvidos num jogo sujo. Perdeu-se uma oportunidade para crescer e causou-se um sofrimento desnecessário.

Várias pessoas usam a desculpa do "amor livre" para esconder em si a evasão compulsiva. Distinguir a evasão compulsiva da expansão autêntica, reconhecê-la como tal e livrar-se dela é um desafio para a nossa consciência que vale a pena enfrentar.

Na tentativa de derrubar os muros da exclusividade, surgiram movimentos que enaltecem o "amor livre", defendendo a multiplicidade de relacionamentos e a mudança constante de parceiros como um ideal digno de ser atingido. Por mais compreensível que seja a atitude dos idealizadores desses movimentos e por mais que admitamos que o domínio da exclusividade provoca o desgaste do amor, quando o "amor livre" se torna um dogma, ele acaba funcionando como um manto para encobrir a evasão compulsiva.

Quem permanecer no "amor livre" compulsivo correrá o risco de constatar, mais tarde, que não é mais o amor que está se expandindo. Ele certamente será rico na quantidade de relacionamentos e encontros, mas pobre na profundidade do amor.

O amor não tem culpa de nada!

Para as pessoas que sentem ou procuram sentir de fato a autêntica expansão do seu amor, quero dizer, mais uma vez, que certas observações como "Você precisa decidir quem você *realmente* ama!", "Isso é muito imaturo!", etc., não são adequadas à essência do amor!

Quem aceitar essas críticas e pensar que há alguma coisa errada com seu sentimento estará julgando mal o amor. Alguns começam a duvidar do próprio coração! Muito amor verdadeiro é sacrificado porque alguém precisa se decidir! Quantas vezes a autêntica expansão do amor não tem nenhuma chance de acontecer porque não conseguimos suportar a pressão interior e exterior?

Quem decide permanecer dentro das regras da exclusividade, por causa da pressão interior ou exterior, está jogando a carga do conflito sobre o amor.

Não há nada de errado na expansão do coração! O conflito não está no amor, não é nenhuma falha do coração; o problema está entre o amor e a sua forma. Enquanto a sociedade não estiver amadurecida para ele, não será possível fazer nada!

Concentração livre num parceiro

A concentração num parceiro de acordo com os moldes da não-exclusividade tem um significado, uma beleza e uma força totalmente próprios. Quando concentramos nosso amor numa pessoa partindo da liberdade de escolha, é exatamente por meio dessa liberdade que ele adquire mais valor. Se dedicarmos nosso amor a uma única pessoa, restringindo-nos por regras e proibições, que significado isso terá?

Na concentração livre, decidimo-nos por um determinado parceiro, não porque esperamos dele a realização da nossa felicidade, mas porque escolhemos livremente concentrar nosso amor nele. Não é "para", é "porquê". Não é um meio para atingir um determinado fim, mas um movimento do amor escolhido com liberdade e que encontra sua satisfação em si mesmo.

Conclusão: a não-exclusividade é a modalidade mais apropriada para a livre concentração do amor.

Perguntas em aberto

Ler a respeito da não-exclusividade é fácil; mas pô-la em prática não é. É difícil vivê-la num contexto de isolamento, que dificulta para a pessoa sozinha repartir a plenitude do seu amor; num contexto cuja quebra dos limites estabelecidos para o amor causa tantos conflitos de relacionamento; num contexto em que, oficialmente, apenas a exclusividade é considerada válida como forma de relacionamento respeitável.

Será a não-exclusividade uma forma de relacionamento que exige um contexto de integração da sociedade? Em que viver, amar, trabalhar e cuidar dos filhos não sejam tarefas que uma pessoa tenha de assumir sozinha? Dessa forma, será viável, por ora, a propagação da não-exclusividade numa época em que ainda estamos buscando novas formas de vida para substituir as antigas, já falidas?

É possível que existam aspectos especificamente femininos, além dos comprovados pela História (surgimento do pequeno núcleo familiar e necessidade de proteção aos filhos), que eu, como homem, não saiba justificar de maneira satisfatória.

Eu gostaria de perguntar àquelas pessoas que, atendo-se aos preceitos religiosos, consideram imoral a não-exclusividade: Jesus não rompeu as regras existentes e propagou outras em nome do amor?

Diante da união imposta pelos pais e pelas convenções, o casamento por amor foi uma grande conquista. Mas o amor ainda não goza de confiança incondicional. Ele continua atado a regras sociais e morais. Em vez de fortalecer os amaridianos, e assim também o amor, continuamos presos a mandamentos e proibições.

A não-exclusividade — que propicia tanto a livre concentração do amor como a sua ampliação, baseando-se na honestidade, na abertura e na confiança no próprio amor — talvez seja um conceito mais amadurecido do amor que, de certa forma, já começou a desabrochar.

Notas

1. O Vivation® fortalece bastante a percepção corporal e a capacidade de integração e, com isso, também reforça todos os exercícios e as condutas aqui descritos. O livro *Die Kunst der Lebensfreude* [A arte de viver feliz], da Editora Windpferd, Aitrang, 1998, é uma introdução a esse método de desenvolvimento pessoal e explica mais detalhadamente os aspectos apresentados aqui.
2. A "Terapia Bio-Noética" ou "Bionoetics" é um método desenvolvido a partir da psicologia aplicada e do trabalho com essências. Informação: Minnie Hein, Mariscal Sucre 260, Miraflores — Lima, 18, Peru.
3. "Você sofreu abuso sexual quando era criança?" Informe-se com o Serviço ao Leitor a respeito das obras disponíveis sobre o assunto.
4. Veja também *Feuer der Sinnlichkeit* [O fogo da sensualidade], de Michael Plesse & Gabrielle St. Clair. Editora Aurum, Freiburg i. Br., 1988.
5. Informe-se com o Serviço ao Leitor.
6. Veja também as informações detalhadas sobre o fenômeno dos chakras na obra *Das Chacra-Handbuch* [O manual dos chakras], de Shalila Sharamon e Bodo J. Baginsky, Editora Windpferd, Aitrang, 1988.
7. Serviram-me de incentivo algumas experiências, tais como *The celebrations manual for fighting*, San Francisco, 1979, e *Love, sex and communication*, de Phil Laut & Jeanne Miller, Vivation Publishing Cooperation.
8. Veja também meu artigo "Sociedades integrativas e o Vivation®". Procure meu endereço para contato.
9. Excerto modificado do meu livro *Die Kunst der Lebensfreude*, Editora Windpferd, Aitrang, 1998.
10. *Männer sind anders. Frauen auch* [Os homens são diferentes. As mulheres também], John Gray, Editora Goldmann, e *Das Mann-Frau Buch* [O livro dos homens e das mulheres], Ron Smothermon, Editora Kamphausen.

Endereços

Se você participar de conferências ou seminários com Demian zur Strassen ou conhecer os endereços de professores do Vivation® ou dos Amaridianos próximos de sua casa, envie para a editora um envelope franqueado e endereçado a você. Nós lhe forneceremos uma lista de endereços que será atualizada regularmente. (Infelizmente, o contato por telefone é impossível.)

Windpfer Verlag
Palavra-chave: "Amaridiane"
Friesenrieder Strasse 45
D-87648 Aitrang
Alemanha

A DESCOBERTA DO PRAZER

Stella Resnick

"Quando você é inspirado por bons sentimentos, sua energia não tem fim." É o que diz a dra. Stella Resnick, psicóloga grandemente interessada em descobrir um modo de ajudar as pessoas a deixar de se preocupar com o que está errado em suas vidas para começar a notar o que está certo. E isso desde 1978, quando escreveu um artigo para a revista *New Age*, que virou o mundo da terapia de cabeça para baixo. Atualmente, todo o seu trabalho gira em torno de uma pesquisa que visa descobrir a raiz da infelicidade que, na sua opinião, é a resistência ao prazer. Quando as pessoas não aproveitam totalmente suas vidas e seus amores, isso em geral se deve ao fato de estabelecerem um teto fixo de quanto prazer podem suportar. "Existe em cada um de nós um enorme potencial intocado de prazer que tem de ser plenamente explorado", ela escreve.

Escritores como Paul Pearsall, Deepak Chopra, Bernie Siegel e Joan Borysenko identificaram recentemente os benefícios do prazer; eles se concentraram principalmente nas atitudes mentais positivas e nas técnicas de visualização. A dra. Resnick, porém, leva a exploração do prazer adiante, ligando o otimismo, a saúde física, a realização emocional no amor, o sexo profundamente gratificante e um envelhecimento saudável à capacidade de gozar plenamente oito prazeres essenciais, que são os seguintes: o prazer original, primordial; o alívio da dor; os prazeres elementares da brincadeira e do bom humor; o prazer mental, emocional, sensual, sexual e espiritual.

A Descoberta do Prazer é um livro destinado a toda pessoa que queira manter um estilo de vida baseado mais em tomar a iniciativa do que em deixar que outros a tomem por ela, e em usufruir todos os prazeres que a vida pode oferecer.

EDITORA CULTRIX

ANTES DE TUDO AMAR

Darío Lostado

Este livro foi escrito para todos os que querem viver suas vidas a partir da verdade de si mesmos. Não a partir de idéias, ideais ou ideologias por mais belas que sejam, mas a partir da sua própria realidade.

Nossa realidade interior é boa, positiva, amorosa. Porém, nossas condutas podem ser negativas, imperfeitas, egoístas. Somos uma capacidade ilimitada de inteligência e amor. Se a nossa vida se torna árida, tediosa e triste é porque não expressamos nem vivemos essa capacidade amorosa que todos somos.

Pensamos que seremos felizes ao adquirir algo de fora ou ao receber o amor de outros. Porém, somente seremos felizes quando dermos e expressarmos o nosso verdadeiro fruto: o amor que somos capazes de dar.

Antes de Tudo Amar é um livro que irá tocá-lo de uma maneira muito especial. Ele irá também convidá-lo a sentir e a expressar o amor que pode transformar a sua vida.

* * *

Outros livros de Darío Lostado publicados pela Editora Pensamento:

- A ALEGRIA DE SER VOCÊ MESMO
- VIVER COMO PESSOA — Ser Algo... ou Ser Alguém
- A VERDADE ESTÁ DENTRO DE VOCÊ
- MINHA VOZ INTERIOR ME DIZ...
- SOMOS AMOR

EDITORA PENSAMENTO

VIVENDO COM ALEGRIA
Chaves para a Conquista do Poder Pessoal e da Transformação Espiritual

Sanaya Roman

Muitos grande artistas, escritores, homens de negócios, atletas e músicos têm declarado que seus maiores feitos, invenções e inspirações foram recebidos de uma fonte situada além da sua realidade normal. Os cientistas, por sua vez, freqüentemente têm vislumbres e concepções originais, não enquanto estão sentados à mesa de trabalho, mas sim quando estão totalmente descontraídos – talvez debaixo do chuveiro, passeando pela praia ou devaneando.

Este é o caso de *Vivendo com Alegria*, "transmitido" à autora por uma fonte de sabedoria que ela chama de Odin, quando estava em estado de paz e de expansão da consciência. As informações que compartilha com o leitor neste livro foram por ela recebidas numa série de sessões de meditação, durante o período de alguns meses.

Esses momentos de inspiração têm sido chamados por algumas pessoas de canalização; outras o chamam de dom da profecia, e outras, ainda, de ligação com a mente universal. Para Sanaya Roman, essa fonte de orientação espiritual é Odin, um mestre e professor amável, sábio, gentil, sempre positivo e cheio de compaixão.

Este livro é a chave para libertar o seu coração e ajudá-lo a desenvolver todo o seu potencial. É um livro para pessoas que valorizam novas idéias, de acordo com a luz que essas idéias acrescentam à sua vida; é um convite à elevação do espírito, à comunhão da alegria, à liberação de conflitos e à abertura para o poder pessoal e a transformação espiritual de cada um.

EDITORA PENSAMENTO

SUA ALMA GÊMEA ESTÁ CHAMANDO

Michael

Este sentimento é geral
e não tem uma explicação
racional. Mas você sabe que
em algum lugar, neste exato
momento, alguém muito especial,
sua alma gêmea, espera e chama
por você. E você ouve, não sabe
como, uma mensagem que
na essência diz: "Onde está você?",
"Estou esperando por você",
"Eu quero você!"

EDITORA PENSAMENTO

AMOR, CELIBATO E CASAMENTO INTERIOR

John P. Dourley

A obra de C. G. Jung, como se sabe, preencheu o vazio existente entre a psicologia e a teologia. Devido à sua constatação de uma dimensão religiosa inerente à psique humana e, mais especificamente, devido ao seu interesse pelo estudo da alma, Jung tornou-se valioso porta-voz da importância de uma vida interior.

O livro de John P. Dourley se inicia com um levantamento do modelo da psique descrito por Jung e explora as implicações desse modelo – do ponto de vista psicológico, teológico e filosófico – mostrando como a abordagem junguiana da dinâmica interior pode enriquecer a fé das pessoas e levá-las a um conhecimento mais profundo de sua personalidade.

O autor, padre católico e analista junguiano, tem a experiência e o conhecimento necessários para interpretar o pensamento de Jung para comunidades junguianas e religiosas mais amplas.

São os seguintes os principais temas estudados neste livro:

Jung e Mechthilde de Magdeburgo
Jung e a coincidência dos opostos
Jung e o misticismo
Uma revisão de Jung e Tillich
Impacto de Jung sobre a Teologia e sobre o estudo de religião

John P. Dourley, Ph.D., é professor de estudos religiosos na Carleton University de Ottawa, Canadá, doutorou-se pela Fordham University de Nova York e tem um diploma de psicologia analítica pelo Instituto C. G. Jung de Zurique.

EDITORA CULTRIX

A TERAPIA DO AMOR

Kathleen Keating

(Desenhos de Mimi Noland)

Como um dragão, o amor é mágico e paradoxal. Às vezes impetuoso. Outras vezes suave. Sempre misterioso.

A terapia do amor é uma oportunidade para a cura e o crescimento mútuos. Pode ser compartilhada com colegas, amigos, namorados, familiares, filhos, com aqueles que se relacionam por afinidade e generosidade – ou simplesmente com alguém que esteja no seu coração no momento.

O amor está em toda parte – levando-nos a ter visões e obter respostas, compaixão e cooperação.

EDITORA PENSAMENTO